Werner Vogel · Berlin und seine Wappen

Werner Vogel

Berlin und seine Wappen

Ullstein

Satz: Utesch Satztechnik GmbH, Hamburg
Druck und buchbinderische Verarbeitung: Wiener Verlag, Himberg
Printed in Germany 1987
ISBN 3 550 07818 8

Inhalt

Von Wappen und Siegeln

Die Begriffe »Wappen« und »Siegel« wurden und werden oft unterschiedslos verwendet[1]. Der Grund hierfür dürfte in dem seit der frühen Neuzeit verstärkt einsetzenden Brauch liegen, die Wappenfigur als Bild in das Siegel zu übernehmen, aber auch umgekehrt. Diese Gewohnheit verdeckt die unterschiedliche Bedeutung von Siegel und Wappen. Beide unterscheiden sich zunächst äußerlich durch ihr Erscheinungsbild. Siegel sind im allgemeinen rund bis oval, gelegentlich auch (viel)eckig, von geringem Durchmesser, einfarbig und aus Wachs. Später verwendet man auch rot oder grün eingefärbtes Wachs. Das Rotsiegeln war der Stadt Berlin 1453 vom Kurfürsten genehmigt worden, für Cölln findet sich das erste rote Siegel 1487[2]. Daneben gibt es metallene Siegel, die man als Blei- oder als Goldbullen bezeichnet. Diese Materialien wurden allmählich durch Siegellack ersetzt. Die Vorderseite besteht aus einer bildhaften Darstellung mit einer erläuternden Umschrift. Zum Anfertigen des Siegels verwendete man Siegelstempel und Siegelringe, die häufig aus Silber hergestellt waren. Wappen hingegen sind »flächenhaft lineare und ornamentale Zeichen und Bilder«[3] auf Schilden, also meist auf Holz; sie sind in der Regel farbig angelegt (tingiert).

Das Siegel diente seit alters zur Beglaubigung von Schriftstücken und zum Verschluß von Briefen. Die Beglaubigung erfolgte durch Anhängen oder Aufdrücken des Siegels. Damit war die Entwicklung zum Papiersiegel eingeleitet. Dieses ist eine flache Wachs- bzw. Lackoblate, auf der ein größeres, oft kunstvoll geformtes Stück Papier aufgelegt wurde, anschließend drückte man darauf den Prägestempel. Im 19. Jahrhundert erfolgt dann der Übergang zum Dienstsiegel in der Form des Stempels und als Siegelmarke.

Man konnte sich aber auch des Siegels wie eines modernen Passes bedienen, indem man es an Zoll- oder Grenzstellen als Legitimation vorzeigte. Ebenso findet es sich frühzeitig als Qualitäts- oder Fertigungszeugnis auf Waren. Demgegenüber war das Wappen Ausdruck staats- und lehnrechtlicher Strukturen. So diente das farbig angelegte Wappen als Erkennungszeichen für den Ritter im Kampf, der es gut sichtbar auf dem Schild und auf der Decke des Pferdes zeigte, es auch an seiner Burg anbrachte. Das Wappenbild mußte in seiner Formensprache deshalb einfach, klar und einprägsam sein. Im Zuge seiner Ausbildung zum Geschlechts- und Familienzeichen wurden dem Schild als Träger des Wappenbildes noch Helm, Helmdecken, Helmkrone und Helmzier aufgesetzt.

Als Amtswappen des Reiches diente das Bild des Adlers[4]. Die Askanier führten wohl ursprünglich den schwarzen Reichsadler in Gold. Die Brandenburger Linie zeigte ihn dann in Rot mit goldener Wehr in silbernem Feld, seit Markgraf Otto IV. († 1308/09) ist er mit goldenen Kleestengeln belegt. Die Helmzier bildete ein schwarzer, mit goldenen Lindenblättern bestreuter Adlerflug. Er ist das böhmische Kleinod, erheiratet durch Beatrix, der Tochter König Wenzels I. von Böhmen und Gemahlin des Markgrafen Otto III. († 1267). Ihr Sohn Johann III. († 1268) gebrauchte ihn als erster 1264/65. Auch mehrere Städte, wie Berlin (1280) und Spandau (1289), führten den Adlerflug in ihrem Siegel. Das alte Kleinod der Askanier waren wohl zwei schräggestellte Pfaufederstangen[5].

Die Städte besaßen ursprünglich anscheinend kein Wappen, jedenfalls sind städtische Wappenzeichen auf Schilden oder Fahnen für die Mark Brandenburg aus dem Mittelalter nicht überliefert. Sehr wohl aber verfügten die Städte über Siegel, die als Bild oftmals den herrschaftlichen Amtsadler, verbunden mit einer stadtmauerartigen, turm- und zinnengeschmückten Architektur, zeigten. Im oder über dem Haupttor erschien dann das Wappen des Landesherrn. Wenn es bereits im »Schwabenspiegel« (um 1275) heißt: »Die Städte sollen auch Siegel haben, doch mit ihrer Herren Willen«[6], so bezieht sich diese Formulierung wohl nur auf das Recht der Siegelführung, nicht aber auf dessen Gestaltung. Den brandenburgischen Städten ist das Siegelrecht nach landläufiger Meinung offenbar stillschweigend mit dem Stadtrecht verliehen worden, denn eine ausdrückliche Verleihung ist nicht bekannt. Allerdings fehlen in der Mark Brandenburg auch Urkunden über die Verleihung des Stadtrechts.

Inwieweit die Stadt bei der Gestaltung ihres Siegels freie Hand hatte, entzieht sich unserer Kenntnis. Der Bezug zum Stadtherrn war dabei sicherlich wichtig. Der Wechsel in der Stadtherrschaft führte anscheinend auch zum Wechsel des Siegelbildes, wie das Beispiel Angermündes und Schwedts zeigt. Beide Städte haben 1351 beim Übergang an Pommern das brandenburgische Wappen im Siegel gegen das pommersche ausgetauscht. Als Angermünde 1420 an Brandenburg zurückkehrte, hat der Markgraf das alte Siegel eingezogen und den Greif durch den Adler ersetzt[7].

In der zweiten Hälfte des 13. Jahrhunderts kommt das »redende« Siegel auf. Das Siegelbild soll nun den Stadtnamen symbolhaft ausdrükken – der Fuchs für Reinickendorf, die Perle für Perleberg usw. Die in rascher Entwicklung befindlichen Städte werden jetzt von einer selbstbewußteren Bürgerschaft bewohnt, die sich heimatlich mit den Städten verbunden fühlt und gleichsam aus Lokalpatriotismus den Wunsch hegt, das Siegel durch Andeutung des Stadtnamens neu zu gestalten. Diese Hypothese läßt sich vielleicht in Berlin verfolgen. Der Bär – eine volksetymologische Ableitung aus der ersten Silbe des Stadtnamens – tritt hier zunächst nur dekorativ neben dem landesherrlichen Wappen in Erscheinung. Im 14. Jahrhundert wird er dann zum Hauptbild im Siegel, im 15. Jahrhundert rückt er in den Schild ein.[8]

1708 ließ sich König Friedrich I. in Preußen, wohl im Zusammenhang mit den Plänen um die Bildung einer aus fünf selbständigen Städten zu schaffenden königlichen Residenzstadt Berlin, ein Gutachten ausarbeiten, wonach der Landesherr »seinen Landstädten und Munizipal-Obrigkeiten Wappen und Siegel gar wohl ändern und von dem Seinigen ihnen etwas hinzutun und dafür auch einige Erkenntlichkeit fordern könne«[9]. Die Praxis sah aber oft recht unterschiedlich aus, so wurde vielfach die Führung des preußischen Adlers in kommunalen Siegeln und Wappen verboten. Durch eine Kabinettsorder vom 22. Dezember 1817 wurde dem Antrag der rheinischen Städte auf Wiederannahme der alten Stadtwappen und die weitere Führung des Reichsadlers durch die Reichsstädte stattgegeben.

Dagegen verbot ein Erlaß des Ministeriums des Innern vom 9. September 1837 den Magistraten, in ihren Siegeln den preußischen Adler zu verwenden. Ausnahmen ließ man nur bei den Landbürgermeistereien, vor allem für die französisch besetzten Gebiete beim Wechsel vom kaiserlich-französischen Adler zum preußischen, zu. Im Regierungsbezirk Posen war dagegen den Dorfschulzen sogar die Führung des königlichen Adlers vorgeschrieben. Andererseits wurde dessen Führung 1834 in Pommern, 1839 im Regierungsbezirk Danzig und 1841 im Regierungsbezirk Frankfurt an der Oder ausdrücklich verboten[10].

Eine Übersicht über die vorhandenen Stadtsiegel existierte in der brandenburgischen Kanzlei oder beim 1706 gegründeten Oberheroldsamt nicht. Deshalb sollte dieses Amt ein Armorial, ein Verzeichnis für die Siegel der Städte, anlegen lassen. Am 5. Januar 1712 wurde festgesetzt, »daß die Stadtwappen und Abdrücke von den Amts- und Gerichtssiegeln nebst den dazugehörigen Documentis« von allen Städten und Flecken dem Oberheroldsamt eingeschickt werden sollten[11]. Die ritterschaftlichen Personen waren sogleich nach Einrichtung des Amtes 1706 aufgefordert worden, ihre Wappen einzureichen.

Da das Oberheroldsamt bereits 1713 wieder aufgelöst wurde, kam es nicht zur Durchführung des Plans. Auch das von 1855 bis 1920 bestehende Heroldsamt stellte keine derartige Matrikel der Stadtsiegel und -wappen auf[12]. Dabei ist allerdings zu berücksichtigen, daß es eigentlich nur für Adelsangelegenheiten zuständig war.

Seit 1896 mußten alle Wappenanträge an den preußischen Innenminister gerichtet werden, der als Gutachter zunächst das regional zuständige Staatsarchiv einschaltete. Das Heroldsamt hielt vor allem an der Beschränkung der Wappenfähigkeit auf Stadtgemeinden fest, es forderte die Verwendung der wenig schönen Schildform und die seit der Franzosenzeit übliche Mauerkrone. Teile des preußischen Staatswappens, Helme und Schildhalter, durften grundsätzlich nicht in Kommunalwappen verwendet werden. Die Mauerkrone geht auf einen Wappenentwurf von Lüttringhausens zurück. Der König äußerte 1893, statt der gewölbten Mauerkrone solle diese »gerade, auf dem Schilde ruhend und dessen gesamte Breite einnehmend« dargestellt werden. Die vielleicht nur auf den Einzelfall bezogene Äußerung wurde künftig als zwingende Anweisung ausgelegt[13].

Die Dorfbehörden kamen »erst sehr viel später als städtische Amtsstellen zur Anschaffung und Führung eines eigenen Siegels. ... Schließlich wird es eine ganze Reihe von Dörfern geben, die nie in älterer Zeit ein eigenes Siegel besessen haben«[14]. Landgemeinden und Gemeindeverbände galten als nicht wappenfähig. Durch eine Circular-Verfügung der königlichen Regierung zu Frankfurt an der Oder vom 18. Juni 1841 wurde sämtlichen Landräten mitgeteilt, daß nach einer Entscheidung des Ministeriums des Innern »keiner Landgemeinde ein Siegel mit dem Preußischen Adler zukomme«[15]. Doch während vielfach seit langem bestehende Wappen aberkannt wurden, gab es auch positive Ausnahmen wie Steglitz (1887) und Schmargendorf (1903). Erst nach 1918 rückte man von jener einschränkenden Haltung ab. Die 1920 nach Berlin eingemeindeten Dörfer lassen daher im allgemeinen keine Entwicklungsgeschichte ihres Siegels und Wappens erkennen.

Zur Geschichte Berlins und seines Siegels bis 1709

Die Entwicklung des Berliner Siegels und des Wappens ist unverständlich ohne Kenntnis der historischen Hintergründe, deshalb sei hier kurz der Gang der Ereignisse skizziert. Die Anfänge Berlins liegen im Dunkel der Geschichte. Der Berliner Raum ist zwar seit der Vorzeit besiedelt gewesen, es gibt aus jener Zeit aber keine Siedlungsspuren, die sich als direkte Vorläufer der Stadt ansprechen lassen. Insbesondere war im altstädtischen Kerngebiet, dem Ausgangspunkt der Doppelstadt Berlin-Cölln, eine slawische Vorläufersiedlung bislang nicht nachweisbar. Die Besiedlung von Teltow und Havelland begann nach der Rückeroberung der Feste Brandenburg 1157 durch Markgraf Albrecht den Bären aus dem anhaltinischen Geschlecht der Askanier. Die städtischen Siedlungsanfänge dürften also in die zweite Hälfte des 12. Jahrhunderts fallen. Die ersten schriftlichen Nachweise ihrer Existenz liefern zwei Urkunden aus den Jahren 1237 und 1244. Schon vorher, nämlich 1197, ist Spandau genannt worden. Die beiden Urkunden für Berlin und Cölln befinden sich im Domarchiv zu Brandenburg. 1237 anerkannten die Markgrafen Johann I. und Otto III. nach jahrzehntelangem Rechtsstreit, daß das Zehntrecht, die Abgabe eines Zehntels vom Ernteertrag, in ihren Landen dem Bischof von Brandenburg zukomme. Als Zeuge wird der Pfarrer von Cölln *(Symeon plebanus de Colonia)* genannt. Am 26. Januar 1244 verzichtet das markgräfliche Brüderpaar auf das Recht, den Nachlaß verstorbener Geistlicher an sich zu nehmen, zugunsten der Geistlichkeit am Domstift Brandenburg. Unter den Zeugen erscheint wiederum Symeon, diesmal aber als Propst von Berlin.

Zwei Gesichtspunkte herrschten bei der Anlage der Doppelstadt an der Spree offenbar vor: zum einen der Wille des Landesherrn, hier ein

1. Siegel Markgraf Albrechts des Bären (1134–70) mit Lanze und großem normannischem Schild, der die sogenannte Lilienhaspel trägt. – 2. Siegel Markgraf Ottos II. (gest. 1206) mit Lanze und Adlerschild.

politisches Schwergewicht zu bilden gegenüber den in Köpenick herrschenden Markgrafen von Meißen aus dem Wettiner Haus, zum anderen die Erkenntnis der Kaufleute, daß hier ein günstiger Spreeübergang für die Handelsstraße von Magdeburg nach Stettin und Danzig lag. So entstanden beiderseits der Spree wohl gleichzeitig selbständige Niederlassungen von Kaufleuten und Handwerkern, die ihren Bedarf an Nahrungsmitteln bei den umwohnenden slawischen Bauern deckten.

Doch so strategisch günstig die Lage war, eine zu Verteidigungszwekken geeignete landesherrliche Burg besaß Berlin offenbar nicht. Als militärischer Vorposten kann es also eigentlich nicht gedacht gewesen sein, denn auch das Hohe Haus der Markgrafen von Brandenburg diente offenbar mehr dem Aufenthalt als der Verteidigung. Die Anlage des Hauses fällt wohl auch erst in die erste Hälfte des 13. Jahrhunderts. Damals hatten sich die Verhältnisse offenbar stabilisiert; die Bevölkerung war so angewachsen, daß um 1230 die Anlage der Neustadt um die Marienkirche erfolgte. In jene Zeit fällt vielleicht auch die Begabung mit dem brandenburgischen – d. h. dem von Magdeburg übernommenen – Stadtrecht. Die Stadtzentren lagen in Berlin um St. Nikolai und in Cölln um St. Petri. Beide Städte verband der Mühlendamm. Trotz der engen Nachbarschaft besaßen beide Gemeinwesen eine eigene Selbstverwaltung, bestehend jeweils aus Stadtschultheiß mit Schöffen für die Rechtsprechung, Bürgermeister und Ratmannen für die Verwaltungsaufgaben. Die Angehörigen dieser Körperschaften entstammten den vornehmsten und reichsten städtischen Geschlechtern. Unter ihrer Leitung entwickelten sich die Städte rasch weiter und wurden dabei Vermittler des brandenburgischen Stadtrechts an andere Neugründungen wie Frankfurt an der Oder. Die zahlreicher werdende Handwerkerschaft organisierte sich in Gewerken (auch als Innungen, Zünfte, Gilden bezeichnet). Urkundliche Niederschriften beschränkten sich in jener Zeit auf wichtige staatsrechtliche Akte und auf die Dokumentation von Rechtsgeschäften speziell in kirchlichen und städtischen Angelegenheiten.

So erklärt sich die spärliche urkundliche Überlieferung für Berlin wohl eher aus dieser Begrenzung der schriftlichen Fixierung als aus Verlusten bei den wiederholten Bränden der Stadt. Folgerichtig besitzen wir auch nur wenige Siegel, zumal diese in späterer Zeit von Sammlern gern abgeschnitten wurden. Sie gerieten aber auch auf natürlichem Wege in Verlust, wurden brüchig oder beschädigt, worüber schon der Berliner Stadtarchivar Ernst Fidicin Mitte des 19. Jahrhunderts klagte. Die Stempelsammlung des Märkischen Museums ist seit dem Zweiten

3. Das älteste Stadtsiegel Berlins, 1253, mit dem brandenburgischen Adler in einem Kleeblattbogen und dreitürmiger Burg.

4. Sekretsiegel der Stadt Spandau, 1352. Im ersten Spandauer Siegel von 1289 steht der Adlerschild vor einer Toröffnung, über dem Torturm sitzt der askanische Topfhelm. Der gleiche Helm findet sich auf den in Spandau geprägten Münzen, und zwar zuerst etwa gleichzeitig wie das Siegel auf einer Münze Markgraf Ottos IV. (1267–98). »Dieses Münzbild dürfte als besonderes Stadtzeichen dem Siegel entlehnt sein«[17]. – 5. Siegel der Stadt Cölln, 1334. Das Original befand sich früher im Berliner Stadtarchiv. Die stark beschädigte Legende lautet: »SIGILLUM CIVIUM COLONIE MARCHIONIS BRANDENBURGENSIS«[18].

Weltkrieg weitgehend verloren. Infolge dieser schlechten Überlieferungslage ist es nicht möglich, genau anzugeben, wie lange ein Siegel in Gebrauch war und ob das erstmalige Auftreten wirklich mit der Zeit seiner Anfertigung zusammenfällt.

Besondere Bedeutung gewinnt daher die erst im vorigen Jahrhundert von Fidicin wiederentdeckte und inzwischen ebenfalls in Verlust geratene undatierte Rechtsweisung des Berliner Rates für die neue Stadtgemeinde Frankfurt an der Oder, der Markgraf Johann I. am 12. Juli 1253 das Berliner Stadtrecht verliehen hatte[16]. Aus verschiedenen Gründen läßt sich diese Urkunde in jenes Jahr datieren. Den Frankfurtern werden darin Inhalt und Bedeutung des Berliner Stadtrechts erklärt. Die amtierenden Ratmannen wählen nach Ablauf eines Jahres die neuen Ratmannen und setzen sie ein. Den Innungen erteilt der Rat ihre Privilegien. Er beaufsichtigt Handel und Gewerbe, kontrolliert Maße und Gewichte. Zur Beglaubigung angehängt ist das älteste Siegel Berlins. Es zeigt eine mit drei Türmen versehene Stadtmauer; vor dem Torturm steht in einer

Art Dreipaß der brandenburgische Adler. Umgeben wird das Siegelbild von einem Perlenkranz, außen von einem glatten Rand, dazwischen steht in frühgotischen Majuskeln die vom Zahn der Zeit stark beschädigte Umschrift »SIGILLUM DE BERLIN BURGENSIUM« (= Siegel der Bürger von Berlin). Der Durchmesser beträgt 65 mm. Der landesherrliche Adler weist auf die Markgrafen von Brandenburg als Stadtgründer und Stadtherren hin.

Die gleiche Symbolik kehrt 1289 im Spandauer Siegel wieder und – vereinfacht auf den bloßen Adler – im Cöllner Stadtsiegel. Dieses gleicht damit dem der Stadt Teltow. Das älteste Siegel Cöllns hing an einer Urkunde vom 24. September 1334, die der Berliner und der Cöllner Rat gemeinsam ausgestellt hatten und worin sie übertriebene Pracht und Verschwendung untersagten.

Während das Cöllner[19] und das Spandauer Siegel in den folgenden Jahrhunderten kaum ihre Gestalt veränderten, wechselte Berlin sein Siegel bereits 1280. An einer Urkunde für die Kürschnerinnung hängt ein Rundsiegel von 77 mm Durchmesser, der zum Siegeln benutzte Stempel war aus Bronze gegossen[20]. Es zeigt einen Adlerschild, der zu beiden Seiten begleitet wird von aufrecht schreitenden Bären, die ihren Kopf zum Schild hinwenden. Erstmals tritt damit der Bär[21] im Berliner Siegel auf, aber offensichtlich nur als Begleitfigur[22]. Auf dem Schild sitzt der Topfhelm mit Adlerflug, in das übrige Siegelfeld sind Tatzenab-

6. Das zweite große Stadtsiegel Berlins, 1280, mit Adlerschild, beidseitig flankiert von je einem Bären.

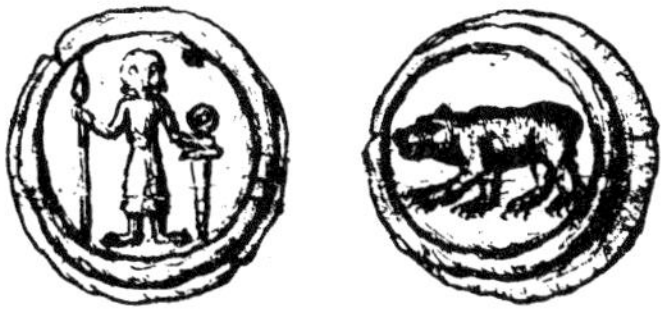

7. Silberpfennig aus der Berliner Münze, Vorder- und Rückseite, 1369. Das Recht zur Münzprägung erwarb der Magistrat 1369 vom Markgrafen.

drücke eingestreut. Zwischen zwei Perlenkränzen befindet sich die Umschrift »SIGILLUM BURGENSIUM DE BERLIN SUM« (= Ich bin das Siegel der Bürger von Berlin). Damit präsentiert sich das Siegel als »redend«.

Unter dem Schutz und wohl auch der aktiven Fürsorge der Markgrafen entwickelten sich Berlin und Cölln neben den beiden Städten Brandenburg (Alt- und Neustadt) rasch zu einem Vorort, der bei den märkischen Städtebündnissen eine führende Rolle spielte und auch bei der Hanse als wichtigster Vertreter der Städte märkischer Zunge angesehen war. Sie drückten ihre Gemeinsamkeit aus in einer 1307 geschlossenen Union, die die Selbständigkeit der Stadtverwaltungen und die Rechte ihrer Bürger nicht antastete. Dank dieses Zusammenschlusses überstand man das nach dem unerwarteten Aussterben der Askanier 1320 einsetzende Interregnum, die schwachen Jahre der Wittelsbacher Herrschaft und die anschließenden Zeiten des Raubrittertums relativ unbeschadet, ja erlebte dadurch eher einen Machtzuwachs, der den seit 1411 in der Mark herrschenden Zollern[23] bei der Durchsetzung ihrer landesherrlichen Ansprüche gegen den schier übermächtigen Adel zugute kam. 1369 hatte die Stadt das landesherrliche Münzregal erworben, wodurch man der jährlichen Münzverrufung entgegenwirken, Handel und Wandel über die Mark hinaus wirksam fördern konnte. Ein silberner Pfennig[24] aus der Berliner Münze vom Jahr 1369 zeigt auf der Hauptseite den stehenden Markgrafen, in der (heraldisch) rechten Hand eine Lanze, in der linken ein Schwert. Die Rückseite zeigt den auf allen Vieren nach rechts laufenden Bären. Trotz zweier schwerer Brände, die 1376 und 1380 fast die ganze Stadt in Schutt und Asche legten, konnte der städtische Rat 1387 den Pfandbesitz über das Schloß Köpenick, 1391 das landesherrliche Stadtgericht und das Dorf Lichtenberg erwerben.

8. Sekretsiegel der Stadt Berlin, 1338. – 9. Das vierte Stadtsiegel Berlins, 1460, mit dem brandenburgischen Adler auf einem schreitenden Bären, benutzt bis ins 18. Jahrhundert.

In jener Zeit führte Berlin ein Sekretsiegel, das erstmals an einem Revers der Doppelstadt vom 30. Oktober 1338 begegnet. Es ist deutlich kleiner und wurde für weniger bedeutsame Schriftstücke neben dem großen Stadtsiegel gebraucht. Besondere Bedeutung gewinnt es dadurch, daß der Bär sich erstmals als Hauptfigur im Siegelbild präsentiert. Er schreitet auf allen vieren nach rechts, über ihm schwebt an einem kurzen, geschwungenen Band der Adlerschild, begleitet von einem Stern über dem Kopf des Bären und drei Sternen über dem Schwanzende[25]. Die Umschrift zwischen zwei glatten Linien lautet: »S(igillum) SECRETUM CIVITATIS BERLIN« (= Sekretsiegel der Stadt Berlin). Dasselbe Sekretsiegel verwendet die Stadt noch im Jahr 1448, als sich die Berliner nach dem Fehlschlag ihres »Unwillens« dem Kurfürsten unterwerfen mußten.

Erst Friedrich II., genannt Eisenzahn, der die Politik des Vaters auf Rückgewinnung der vollen landesherrlichen Macht fortsetzte, unterwarf den zweiten Machtfaktor im Staat, die Städte. Gelegenheit hierzu boten ihm innerstädtische Zwistigkeiten zwischen Patriziat und Gewerken, die den Kurfürsten zu Hilfe riefen und dadurch die Mitbestimmung in der Stadtverwaltung errangen. Die im wirtschaftlichen Umbruch befindliche Zeit erzeugte ihre eigenen sozialen Spannungen, die sich wohl auch gegen die Landesherrschaft richteten. So kam es zu den Unruhen des Jahres 1442 und zu dem berühmten »Berliner Unwillen« der Jahre 1447/48, deren Ursachen und Hintergründe im letzten noch ungeklärt sind. Sie richteten sich u. a. gegen den Bau eines neuen landesherrlichen Schlosses auf Cöllner Boden. Die Hansestadt Berlin wurde jedoch von ihren Bundesgenossen trotz des gegenseitigen Treuegelöbnisses, sich im Kampf gegen die Landesherren zu unterstützen, im Stich gelassen und mußte sich dem Kurfürsten unterwerfen. Wichtigstes Ergebnis waren die erzwungene Trennung der Städte Berlin und Cölln sowie die Aufgabe verschiedener Rechte: Münzhoheit, Gerichtsbarkeit, Einschränkung der Ratswahlen. Die Praxis entsprach dem allerdings nicht immer, denn bald hören wir erneut vom gemeinsamen Handeln Berlin-Cöllns, von einer gemeinsamen Stadtverwaltung mit eigenem Rathaus auf der Langen Brücke bei getrennt fortbestehenden Verwaltungsbehörden.

Ein in jener Zeit auftauchendes Siegel scheint die politische Unterwerfung der Doppelstadt widerzuspiegeln, doch handelt es sich nur um eine unheraldische Ausdeutung des Siegels. Seiner Größe nach ist es ebenfalls als Sekretsiegel anzusprechen (der silberne Siegelstempel hatte eine Bildfläche von 40 mm). Auf dem auf allen vieren nach rechts laufenden Bären sitzt der landesherrliche Adler, den Hals des Bären schmückt angeblich ein Halsband, das ihm erst im 19. Jahrhundert wieder abgenommen wurde. Die Umschrift lautet: »SIGILLUM CIVITATIS ANTIQUI BERLIN« (= Siegel der Altstadt Berlin). Es ist an Urkunden von

10. und 11. Zwei Siegel der Stadt Cölln mit dem brandenburgischen Adler, 1442 und 1491.

12. Siegelstempel, nach 1540. – 13. Siegelring, 1603. – 14. Eichstempel, 1600.

1460 und 1491 belegt[26] und wurde, in nur leicht modifizierter Form, noch im Jahre 1700 verwendet. In dieselbe Zeit datieren Buchholz und Fidicin die Anfertigung eines neuen Siegelstempels für Cölln mit einem Durchmesser von 35 mm. Es zeigt unverändert den Adler im Schild, umgeben von der Inschrift »S(igillum) CIVITATIS COLLENN«[27].

Dieses Siegel wurde von der Mitte des 15. bis zum Ende des 17. Jahrhunderts geführt. Für Berlin waren zwischenzeitlich noch drei weitere Siegel mit dem nach rechts steigenden Bären im Schild in Gebrauch. In zwei gleichartigen achteckigen Siegeln im Hochformat (silberner Stempel 26×29 mm, silberner Siegelring mit Spuren ehemaliger Vergoldung 24×30 mm, Ringdurchmesser 24 mm, Gewicht 45 Gramm), mit wiederum geringen Unterschieden in der Formgebung, steht über dem Schildkopf ein zweizeiliges Spruchband »CIVITAS BERLIN« (1618–1709). Der Stempel, nach Buchholz vermutlich nach 1540 angefertigt, zeigt erstmals den Bären mit einem Halsband, und zwar in gleicher Form, wie er zum erstenmal auch auf Silberpfennigen von 1539–42 vorkommt. Das dritte Siegel, durch seine Inschrift auf 1603 zu datieren, zeigt über dem Schild nur den Namenszug »BERLIN«. Im Märkischen Museum befand sich einst der silberne, stark vergoldete Siegelring, dessen Siegelplatte einen Durchmesser von 26 mm aufwies. Er wird von Buchholz als »ältester Bürgermeister-Ring« bezeichnet. Daneben ist zwischen 1700 und 1709 in künstlerisch abweichender Form, aber in Bild und Umschrift identisch, das große Rundsiegel benutzt worden.

Siegelbilder, die den Bären aufrecht schreitend und allein, ohne Adler, zeigen, finden sich also erst im 16. Jahrhundert. Aber nicht nur der Magistrat beglaubigte seine Schriftstücke durch Anhängen oder Aufdrücken eines Siegels. Auch die Innungsstatuten der Goldschmiede schrieben vor, daß ihre Arbeiten »der Stadt Zeichen« tragen mußten. Für die anderen Handwerker finden sich keine vergleichbaren Belege. Die Anbringung des Stadtzeichens dürfte bei den üblichen Handwerksprodukten auch auf erhebliche Schwierigkeiten gestoßen sein. Dagegen finden sich Nachrichten, wonach das Stadtzeichen auf Maßen, Hohlmaßen und Gewichten angebracht sein mußte. Buchholz beschreibt[28] drei Eichstempel an etwa 10 bis 13 cm langen Stahlbolzen, deren Kopf durch Hammerschläge geborsten war. Die Prägefläche schwankte zwischen 6 und 20 mm. Der älteste Stempel zeigte den auf allen vieren nach rechts laufenden Bären mit Halsband, darüber die Jahreszahl 1600. Der zweite, aus dem 17. Jahrhundert, trug das Bild des aufrecht schreitenden Bären mit Halsband, während der dritte das vereinigte Stadtwappen von 1709 aufwies.

Das Wappen findet sich auch auf Druckwerken und Plänen wie dem Perspektivplan der Stadt Berlin von Johann Bernhard Schultz aus dem Jahr 1688. In der »Wappen-Ecke« der Kartusche erscheint als Stadtwappen Berlins nur der Bär, daneben der Adler der Friedrichstadt und Cöllns sowie der Löwe der Dorotheenstadt, jeweils mit einer Krone auf dem Schild. Gehalten werden diese Wappen vom brandenburgischen Adler, der damit in enge Beziehung als Zeichen des Landesherrn zu seinen Residenzstädten gestellt wird[29]. Auch der 1748 auf königlichen Befehl vom Grafen Schmettau aufgenommene Stadtplan zeigt den stehenden Bären. Schließlich sei noch Zeillers Topographie der Mark Brandenburg erwähnt, die den aufrecht schreitenden Bären mit Zepter und Schild zeigt.

Selbstverständlich bedienten sich auch städtische Einrichtungen wie die Ratswaage, das Stadtgericht, die Armendirektion und das Erbpachtsvorwerk Wedding eines Siegels mit unterschiedlichem Siegelbild und Legende.

Die Entwicklung von Wappen und Siegel Berlins seit 1709

Die Erbauung des Schlosses auf Cöllner Seite und die Seßhaftwerdung des Landesherrn führten zur Herausbildung der Residenzstädte Berlin-Cölln. Der Wandel wirkte sich auf die Bevölkerungs- und Wirtschaftsstruktur aus. So entstand eine ansässige Beamtenschicht, deren Angehörige anfangs vielfach vom Kurfürsten aus der fränkischen Heimat mitgebracht wurden. Hoflieferanten und speziell den Hof versorgende Handwerker gingen aus der ansässigen Bevölkerung hervor. Die Kurfürsten förderten aber auch die Entwicklung des Fern- und des Großhandels, womit sie sich neue Kreditquellen erschlossen. In die aufblühende Stadt kamen neue Einwohner, die jedoch in der rasch zu eng werdenden Innenstadt keine Unterkunft finden konnten. Für die Zeit um 1620 rechnet man mit einer Bevölkerungszahl von etwa neuntausend Einwohnern.

Mit dem Anfang der Neuzeit setzte eine Ausdehnung Berlins über die eigentliche, durch Stadtmauer und Stadttore gebildete Stadtgrenze ein. Es entstanden vorstädtische Siedlungen. Sie wurden im Dreißigjährigen Krieg auf Anweisung des Grafen Schwarzenberg teilweise niedergebrannt, um das Schußfeld gegen anrückende Feinde zu erweitern. Infolge des Krieges und der Seuchen sank die Zahl der Einwohner bis 1648 um ein Drittel. Bevölkerungspolitische Maßnahmen des Großen Kurfürsten und die Anlage einer ersten Garnison führten dazu, daß die Bevölkerung bis 1680 wieder auf rund zehntausend Seelen anwuchs. Neue Vorstädte wurden nach Kriegsende angelegt (Friedrichswerder, Dorotheenstadt) oder entwickelten sich dann erst zu selbständigen Gemeinden mit eigener Verwaltung und Hoheit (Georgenvorstadt, Spandauer Vorstadt). In jene Zeit der wirtschaftlichen und städtischen Ex-

15. Berliner Wappentafel aus der Marienkirche, 1686, heute im Haus der Evangelischen Kirche in Berlin-Brandenburg (Berlin-West)[30].

pansion fällt auch der erste Beleg für ein Stadtwappen, doch könnte die Hereinnahme des Bären in den Wappenschild um 1460 bereits auf die Existenz eines Berliner Wappens deuten.

Ernst Friedel berichtete nach einem Besuch der Marienkirche am 13. September 1884 über »eine merkwürdige, bisher unbeachtete Darstellung des Stadtwappens« auf einer Tafel in der Nähe des Erbbegräbnisses der Familie Sparr. Fünf in Öl bemalte Holztafeln an der Ratsloge zeigten neben dem Stadtwappen noch sechzehn Wappen der vier Bürgermeister, vier Kämmerer und acht Ratsherren. Das Wappen nimmt die Tradition des großen Berliner Siegels auf, wie es seit 1280 verwendet wurde. Die Unterschiede sind vor allem stilistischer Art. Anstelle des frühgotischen Dreieckschildes findet sich die Renaissance-Tartsche; der rote brandenburgische Adler darin ist ebenfalls moderner stilisiert. Auf dem Schild sitzt in Frontalansicht der Spangenhelm statt des mittelalterlichen Topfhelms, darauf eine im alten Siegel nicht vorhandene Laub-

16. Bärenwappen aus dem Wappenbuch des Jörg Rugenn, 1492. – 17. Bärenwappen aus dem Wappenbuch des Johann Siebmacher, 1605.

krone, darüber erhebt sich der Adlerflug. Auch die rotweiße Helmdecke war dem alten Siegel noch unbekannt. Am gravierendsten ist der Unterschied jedoch in der Darstellung der Bären. Sie werden jetzt in natürlicher, nicht in heraldischer Form als Schildhalter benutzt, freilich mit abgewandten Köpfen sowie mit Halsbändern und Kettengliedern. Vielleicht verweist diese Darstellung auf ein sonst nicht überliefertes Siegel Berlins aus dem 17. Jahrhundert. Es fällt allerdings auf, daß das Wappenbuch des Jörg Rugenn aus dem Jahre 1492 für »Berlin in der Marck« den nach rechts steigenden Bären allein im Halbrundschild zeigt. Auch das zeitlich nähere Wappenbuch des Johann Siebmacher von 1605 stellt im barocken Schild den ungewöhnlicherweise nach links (!) steigenden Bären dar, der hier allerdings mehr einem wohlgemästeten Schwein ähnelt[31].

Auf dem Werder, einem sumpfigen Gelände zwischen der Straße Unter den Linden und der Niederwallstraße, entwickelte sich im Laufe des 16. und 17. Jahrhunderts eine Siedlung, die der Große Kurfürst in seinen Festungsring einbezog. Am 19. September 1662 erteilte er der jetzt »Friedrichswerder« genannten Siedlung einen Frei- und Schutzbrief als Burgfreiheit. Die Einwohner durften also Handel und Gewerbe treiben, ohne Bürger einer Stadt zu sein. Bei der Begabung von Bürgermeister und Ratmannen der Stadt »Friedrichs-Werder« mit Zollfreiheiten spricht der Kurfürst am 11. Februar 1670 von der »neuerbauten Stadt«[32]. Nach raschem Wachstum erhielt dieses Gebiet 1688 den Charakter einer dritten Residenzstadt neben Berlin und Cölln. Die Siegelverleihung war bereits am 14. Oktober 1669 erfolgt. Das Rundsiegel zeigt den Adler, auf der Brust die Initialen CFW, mit der Umschrift »STADT FRIDERICHS WERDER«. Das wohl zeitgleiche Wappen hat als Schild die Tartsche, darin der goldbewehrte und rotgezungte brandenburgische Adler mit den Initialen CFW auf der Brust (Churfürst Friedrich Wilhelm).

Die von der Kurfürstin nördlich der Straße Unter den Linden angelegte »Neustadt«, seit 1676 nach ihr als »Dorotheenstadt« benannt, erhielt ihr Stadtrechtsprivileg am 2. Januar 1674. Sie entwickelte sich zur vierten Residenzstadt. Seit dem 17. März 1692 führte sie im Rundsiegel den Adler, belegt mit einem Herzschild, darin das kurfürstliche Zepter; über dem Haupt schwebt der Kurhut. Die Umschrift lautet: »SIGILL(um) CIVIT(atis) ELECT(oralis) BRANDENB(urgensis) DOROTHEA«. Der Wappenschild (Tartsche) zeigt in Silber den roten, goldbewehrten Adler, belegt mit blauem Brustschild, darin das goldene Kurzepter. Über dem Kopf schwebt der Kurfürstenhut[33]. Das Gerichtssiegel hat dagegen ein völlig anderes Bild: Ein Löwe packt mit allen vier Pranken den halbkreisförmig gebogenen Schaft einer Hellebarde. In dieser Form ist es als Dorotheenstädtisches Siegel auf dem Schultzschen Perspektivplan 1688 dargestellt.

Vor dem heutigen Alexanderplatz lag die Georgenvorstadt. Nach der Rückkehr Friedrichs I. aus Königsberg als neugekrönter König in Preußen am 6. Mai 1701 wurde die Vorstadt umbenannt in »Königsvorstadt« bzw. »Königsstadt«. Ihr wurde bei dieser Gelegenheit das Recht der Wappenführung verliehen. Das neugeschaffene Wappen war ein geteilter Schild: Oben erscheint der (halbe) wachsende schwarze (preußische) Adler, rotbezungt, mit goldenem Schnabel, in silbernem Feld, belegt mit goldenen Kleestengeln und den verschlungenen Initialen FR (Fridericus Rex), auf dem Kopf eine goldene Königskrone; die untere Wappenhälfte zeigt in blauem Feld eine silberne Stadtmauer, leicht perspektivisch schräg nach rechts hin steigend.

Die Spandauer Vorstadt führte ein ähnliches Wappen, doch entbehrt der im silbernen oberen Schildteil wachsende Adler der Initialen auf der Brust. Die Stadtmauer im unteren blauen Feld verläuft waagerecht, zwei Ecktürme stehen perspektivisch im Hintergrund, ein Torturm in der Mitte. Die Toröffnung ist mit dem roten brandenburgischen Adlerschild belegt, darüber auf der Turmmauer ein Schild mit dem Berliner Bären, nach (heraldisch) rechts schreitend und mit goldenem Halsband. Über den Zeitpunkt der Verleihung schweigen sich Fidicin und Hildebrandt aus. Fidicin begnügt sich mit dem Hinweis, daß der Stadtteil bei öffentlichen Aufzügen und Feierlichkeiten das Fehlen eines Stadtwappens bemerkte und deshalb das zuvor beschriebene zugewiesen erhielt. Dies dürfte wohl erst im 18. oder gar erst im 19. Jahrhundert geschehen sein.

Die Kölnische oder Köpenicker Vorstadt, deren Besiedlung schon im 17. Jahrhundert einsetzte, dann aber ins Stocken geriet, gewann erst seit Anfang des 19. Jahrhunderts Gestalt. Sie heißt seit 1802 zum Andenken an die beliebte Königin und Gemahlin Friedrich Wilhelms III. »Louisen«- bzw. »Luisenstadt«. Ihr Wappen entspricht dem der Königsstadt. Der Adler hat jedoch keine Kleestengel, die Brust ist mit einem Schild belegt, darin ein großes »L« als Abkürzung des Stadtteilnamens. Auch hier liegt eine Entwicklung des 19. Jahrhunderts vor.

Als letztes in der Reihe der neuangelegten Residenzstädte ist die Friedrichstadt zu nennen, bald nach dem Tode des Großen Kurfürsten von seinem Nachfolger Friedrich III. (I.) begonnen. Auch hier geriet der anfängliche Elan bald ins Stocken, so daß die Fortführung und Vollendung erst nach 1730 einsetzte. Das Wappen zeigt im Tartschenschild den in Schwarz und Rot gespaltenen Adler, rotgezungt und goldbewehrt. Die Entstehungszeit ist unbekannt. Aber am 28. November 1698 erklärten Bürgermeister und Ratmannen auf dem Friedrichswerder und in der Friedrichstadt: »Des Magistrats Siegel ist jederzeit auf der FridErichsstadt, umb daß diese Stadt noch kein Wappen hat, gebrauchet worden«[34].

Weit vor den Toren Berlins lag das Dorf Lietzow (Lützow). In seiner Nähe ließ sich die Kurfürstin und spätere Königin Sophie Charlotte 1696–98 von Johann Arnold Nering ein Landschloß erbauen, dessen kulturelle Ausstrahlung durch Leibniz und die Gründung der beiden Akademien der Künste und der Wissenschaften von großer Tragweite war. Dem südlich des Schlosses sich entwickelnden Ort verlieh König

18. Wappen Berliner Vorstädte und einst selbständiger Städte mit eigenen Rechtsprivilegien: Luisenstadt, Königsstadt, Spandauer Vorstadt, Friedrichswerder, Dorotheenstadt, Friedrichstadt.

Friedrich I. nach dem Tod seiner Gemahlin 1705 Stadtrecht und den Namen »Charlottenburg«.

König Friedrich I. war bestrebt, der neugewonnenen Königswürde auch Ansehen zu verschaffen. Allerdings lagen die Durchführung repräsentativer Bauvorhaben, die Verschönerung der Stadt und die Förderung der Kultur im Rahmen des seinerzeit auch bei anderen Herrschern Üblichen.

Von landesherrlichen Eingriffen in die Siegel- und Wappenführung der Städte oder gar von einer Siegelverleihung ist für die Zeit vor der Mitte des 17. Jahrhunderts nichts bekannt, sie hätten auch nicht dem Brauch jener Zeit entsprochen. Eine grundlegende Änderung trat erst unter Kurfürst Friedrich III. ein, der sich 1701 in Königsberg zum König krönen ließ und sich fortan »König in Preußen« nannte – ein territorialer Begriff, der zunächst nur das ehemalige Herzogtum Preußen meinte, dann aber auf das gesamte Staatsgebiet übertragen wurde. Hand in Hand mit dieser Entwicklung ging der Wunsch des Kurfürsten, der jetzt als König Friedrich I. regierte, nach einer repräsentativen Haupt- und Residenzstadt. Berlin-Cölln mit dem Schloß und den darin untergebrachten Regierungsbehörden des Staates war faktisch seit langem Zentrum. Der König verfügte jetzt durch ein Patent vom 17. Januar 1709 die Zusammenfassung der Doppelstadt mit den in der Neuzeit entstandenen Trabantenstädten Friedrichstadt, Friedrichswerder und Dorotheenstadt zu einer einheitlichen Stadtgemeinde[35]. Die bis dahin selbständigen Stadtverwaltungen wurden zugunsten einer gemeinsamen Verwaltung aufgelöst, auch die Justizbehörden wurden vereinheitlicht. Gemeinsamer Name aller Teile dieser erheblich vergrößerten Stadtgemeinde wurde »Berlin«.

Das Territorium der neuen Stadt umfaßte jetzt 626 Hektar gegenüber 217 im Jahr 1681. Zugleich wuchs die Bevölkerung auf rund 57 000 Einwohner an. Die etwa sechzig Bürgermeister und Ratsherren, die bis dahin die Geschicke ihrer Städte gelenkt hatten, wurden ersetzt durch einen sechzehnköpfigen Magistrat, der vom König bestellt war. Jetzt erst griff der Landesherr zum erstenmal in die Siegel- und Wappenführung seiner Residenzstadt ein. Die bisher geführten Siegel mußten dem König eingereicht werden, ebenso der Entwurf eines neuen Einheitssiegels. Die farbig angelegte Vorlage reichte der König am 6. Dezember 1709 an

19. Großes Wappen der Stadt Berlin, 1709.

das 1706 eingerichtete Oberheroldsamt zur Prüfung weiter. Drei Monate später kam das genehmigte Siegel mit Anschreiben zurück: »Nachdem Wir von denen von Euch allerunterthänigst eingesandten Projekten beikommende Zeichnung eines Siegels allergnädigst approbirt, als habt Ihr Euch dessen hinfürder zu gebrauchen. Cölln, den 6. Februar 1710. gez. v. Prinz.«

Das völlig neu gestaltete Wappen zeigt in barocker Form einen dreigeteilten goldenen Schild, seitwärts eingesteckt grünes Blattwerk mit roten Früchten. Aufgesetzt ist eine Kombination aus Königskrone und Kurhut. Das erste Wappenfeld enthält in Silber den schwarzen Adler, rotbezungt und goldbewehrt, belegt mit goldenen Kleestengeln, auf der Brust die in sich verschlungenen Initialen FR (Fridericus Rex), auf dem Haupt eine goldene Königskrone. In der Rechten hält der Adler das goldene Zepter, in der Linken den Reichsapfel. Das zweite Wappenfeld zeigt in Silber den roten brandenburgischen Adler mit blauem Herzschild, darin das goldene Kurzepter, rotbezungt, goldbewehrt, auf dem Kopf den Kurhut. Die Flügel sind mit goldenen Kleestengeln belegt. In der Rechten hält er das goldene Kurzepter, in der Linken das Schwert. Im dritten Feld steht der aufrecht nach rechts schreitende schwarze Bär, rotbezungt und goldbewehrt, mit goldenem Halsband. Das ähnlich gestaltete Siegel trägt unterhalb des Schildes die Jahreszahl 1709, dazwischen die Chiffre SCB (Sigillum Civitatis Berlin).

Die nachfolgenden Herrscher, Friedrich Wilhelm I., Friedrich der Große und Friedrich Wilhelm II., waren ausgesprochen gegensätzlicher Natur und unterschieden sich erheblich in ihren staatsmännischen Auffassungen. Der unter Kurfürst Friedrich II. eingeleitete Prozeß der Aufhebung städtischer Freiheiten und Selbständigkeiten fand nunmehr seinen Höhepunkt und Abschluß mit dem »Rathäuslichen Regiment« von 1747. An der Spitze des Magistrats stand künftig ein Stadtpräsident, der zugleich Polizeidirektor war.

Auf die Entwicklung Berlins wirkten sich die unterschiedlichen Herrscherpersönlichkeiten prägend aus. Friedrich Wilhelm I. förderte die Ausbildung eines zuverlässigen und geschulten Beamtentums. Die staatlichen Behörden wurden zum Teil neu formiert. Die Ausdehnung des Stadtgebiets wurde fortgesetzt, der Hausbau intensiviert. Das immer stärker werdende Heer bedurfte neuer Produktionszweige und Betriebe, um den Staat vom Ausland unabhängig zu machen. Während sich das Stadtgebiet bis 1825 auf 1400 Hektar verdoppelte, wuchs die Bevölkerung bis 1810 um das Dreifache auf 163 000 Einwohner an.

Nach dem Ende des Siebenjährigen Krieges konnte Friedrich der Große seine Pläne zum Ausbau Berlins wieder aufnehmen. Begonnen hatte er seine Regierungszeit mit der Planung eines Forum Fridericianum, von dem nur das Opernhaus und dann, 1747–73, die Hedwigskirche verwirklicht wurden. Berlin feierte jetzt als Stadt der Aufklärung in Literatur, Kunst und Wissenschaft Triumphe. Unter Friedrich Wilhelm II. entstanden das von Herder noch vermißte deutsche Nationaltheater und die Singakademie. Mit Friedrich Wilhelm III. nahm ein Herrscher den Thron ein, der sich unter Abwendung von religiösen Schwärmereien für die Entwicklung des Schulwesens einsetzte und dem Einzug der Romantik um Tieck, Schlegel und Wackenroder den Weg bereitete. Auch Malerei, Bildhauerei und Architektur nahmen eine fruchtbare Entwicklung. Handel und Wandel blühten, die noch unter Friedrich dem Großen gegründete Seehandlung und die Königliche Bank förderten die Wirtschaft des Landes. Dabei konnten allerdings aufkommende soziale Spannungen ebensowenig übersehen werden wie

20. Siegel der Stadt Berlin, 1839. – 21. Kleines Wappen der Stadt Berlin, 1883.

die dunklen Wolken am Himmel im Gefolge der Französischen Revolution. Dem König zur Seite stand die beim Volk sehr beliebte Königin Luise. Aus der scheinbar glücklichen Phase geriet Preußen unversehens in die harte Auseinandersetzung mit der französischen Expansionspolitik.

Der unerwartete Zusammenbruch des preußischen Staates nach der Niederlage bei Jena und Auerstedt und der Einzug Napoleons in Berlin am 27. Oktober 1806 – seine Truppen hielten die Stadt bis Ende 1808 besetzt – weckten neue Abwehrkräfte. Sie führten schließlich zur Wiederbelebung des Gedankens bürgerlicher Rechte und Freiheiten, die ihren Niederschlag fanden in der Steinschen Städteordnung. Selbstgewählter Magistrat und Stadtverordnetenversammlung sollten künftig die Geschicke der Stadt leiten. Dazu bedurfte es jedoch noch einer längeren Anlaufphase, in der sich die Selbstverwaltungskörperschaften nur zögernd ihrer Rechte versicherten, um diese dann auch gegen den König allmählich durchzusetzen. Im Zuge der restaurativen Tendenzen seit dem Wiener Kongreß wurde das königliche Verfassungsversprechen nicht verwirklicht. Unruhen, besonders in der Studentenschaft und bei den Professoren der 1810 gegründeten Friedrich-Wilhelms-Universität, aber auch im ganzen Reich, waren die Folge. Es kam zu den Demagogenverfolgungen und den Polizeimaßnahmen gegen die vermeintlichen Aufrührer.

Erst nach dem Abklingen dieser Ereignisse ist eine leichte Änderung des Berliner Siegels und Wappens zu verzeichnen. Im gespaltenen Schild stehen wie bisher der preußische und der brandenburgische Adler, im Schildfuß aber steht nun in einem halbrunden Schild der Berliner Bär. Darüber sitzt eine fünftürmige Mauerkrone, ein städtisches Symbol, das in der preußischen Heraldik bislang unbekannt war. Es handelt sich um eine Übernahme französischer Gepflogenheiten, die, obwohl erst 1839 bezeugt, in die Besatzungszeit zurückreichen dürfte. Die Legende in einem Trockenstempel jener Zeit lautet: »Siegel der Haupt- und Residenzstadt Berlin 1709«[36]. Trotz der verschiedenen Änderungen trug das Wappen also weiterhin die Jahreszahl 1709. Ebenso findet sich die Wappenänderung auf einem Prunkbanner von 1839. Auf dem Schild sitzt beim Banner die Königskrone. Der Bär wirkt im Banner recht tapsig.

Es ist unbekannt, ob die Änderung von Siegel, Wappen und Banner auf eine staatliche Anordnung zurückgeht. Sie entspricht jedoch einer Medaille, die Friedrich Wilhelm III. dem Oberbürgermeister und dem Stadtverordnetenvorsteher 1839 für ihre Amtsketten verliehen hatte. Die Stadtverordnetenversammlung nahm die Darstellung in ihr Amtssiegel auf, jedoch mit der Jahreszahl 1808 als dem Jahr der Verkündung der Städtereform durch den Freiherrn vom Stein[37]. In dieser Gestalt begleiteten die Hoheitszeichen die Entwicklung Berlins von der königlichen zur kaiserlichen Residenzstadt.

Der industrielle Aufschwung zog große Mengen ungelernter Arbeitskräfte nach Berlin. Das Unterkommen war trotz des beginnenden Baus von Mietskasernen mehr als schwierig. Schlechte Entlohnung führte zu sozialen Spannungen, die sich im »Kartoffelkrieg« und schließlich in der Revolution von 1848 Luft verschafften. Der Polizeipräsident von Hinckeldey und Stadtbaurat James Hobrecht setzten sich für eine Verbesserung des Stadtbildes und für die Verbreitung von Gas als Energiequelle ein. Straßenlaternen, Feuerwehr und Schutzpolizei sowie fortschrittliche medizinische Maßnahmen bei der Krankenversorgung nützten der Bevölkerung. Es war besonders dem Arzt und Stadtverordneten Rudolf Virchow zu verdanken, daß Berlin auf hygienischem Gebiet eine weltstädtische Stellung erlangte. Unterstützt wurden diese Bemühungen durch weitsichtige Stadtbaumeister wie Blankenstein und

Ludwig Hoffmann, aber auch durch tatkräftige Oberbürgermeister, die, wenn es nötig schien, sich dem Druck der Regierung widersetzten. Viele Eisenbahnlinien endeten in Berlin, das sich zum Verkehrsmittelpunkt Preußens entwickelte. Autobus, Straßenbahn und S-Bahn revolutionierten in den nächsten Jahrzehnten die innerstädtische Erschließung Berlins und die seiner Umgebung.

Im kulturellen Bereich ist die Einrichtung von Volksbüchereien und Schulen hervorzuheben. Das zunehmende Selbstbewußtsein der Berliner wird deutlich im Anwachsen einer starken Arbeiterbewegung, die allen Versuchen der Unterdrückung erfolgreich widerstand. Durch die Eingemeindungen von 1861 dehnte sich die Stadt auf 5920 Hektar aus, während die Bevölkerung auf 613 000 Personen anwuchs. 1880 war die Millionengrenze überschritten, 1890 lebten schon knapp zwei Millionen Menschen in der immer enger werdenden Stadt. Die Industrie hatte längst die Konsequenzen gezogen und ihre Betriebe in die Außenbezirke (Wedding, Reinickendorf) verlagert.

Unter König Wilhelm I. und Bismarck gewann der Staat neues Profil, das er auch auf die Hauptstadt übertrug. Diese wollte ihrer neuen Würde auch im Siegel Ausdruck verleihen, doch fand die Gestaltung des Wappens nicht ungeteilten Beifall. Der Stadtarchivar Fidicin schrieb dem Magistrat am 24. Juli 1871, die fünftürmige Mauerkrone einzufügen sei schlechthin unverzeihlich. Der Berliner Baurat Cantian hatte die Mauerkrone gezeichnet, wie 1884 auf einer Sitzung des Vereins »Herold« bekannt wurde. Fidicin: »In Berlin, das seit 1806 während der französischen Invasion von dem Comité administratif unter französischer Überwachung mitregiert wurde, kam dieses römisch-französische Wappenschild (es war 1781 erstmals aufgetaucht und dann durch die amtliche französische Heraldik im Westen des Reiches während der napoleonischen Besetzung verbindlich geworden) ebenfalls zur Geltung, und wurden mit ihm zuerst die Berliner Stadtobligationen verziert, welche zur Abbürdung der uns von Frankreich auferlegten schweren Geldopfer angefertigt werden mußten; und noch bis jetzt, wo die Erinnerung an diese Entstehungsart verloren gegangen, ist man bei diesem Gebrauch verblieben. Es kann nur in den Wünschen jedes Patrioten liegen, sich von solchem Wappenbilde zu befreien«[38].

Beringuier empörte sich zwanzig Jahre später, die Wappenkomposition von 1839 unterscheide sich unvorteilhaft vom Siegel des Jahres 1709, auf dem die Wappenfelder doch wenigstens in einem heraldisch richtig geteilten Schild untergebracht waren. Die Art jedoch, wie man 1839 Bärenschild, Mauerkrone und Adler vereinigt habe, könne nur »aus völligster Unkenntnis heraldischer und stylistischer Regeln hervorgegangen sein und trägt den Charakter einer Zeit, der jedes Kunstgefühl abhanden gekommen war«. Durch Magistratsbeschluß vom 1. Oktober 1875 befreite man den Bären vom Halsband und nahm ihm damit »das Zeichen der Knechtschaft«. Aus einem gezähmten Bären wurde so ein freier, wilder. Das Wappenbild besteht jetzt aus drei Teilen, von denen der untere mit dem Bären ohne Halsband größer ist, während sich die beiden Adler mit kleineren Feldern begnügen müssen. Die Krone sitzt dem Wappen wieder auf. Am Schildrand sind die Ranken weggefallen. Im übrigen aber entspricht das Wappen weiterhin der 1709 vom Landesherrn verordneten Darstellung[39]. Die jetzt gefundene Form von Siegel und Wappen blieb bis 1918 gültig. Allerdings führte man daneben ein kleines Wappen, das nur den Bären im Schild aufwies, aufsitzend die Mauerkrone.

1871 war Berlin über seine Rolle als Haupt- und Residenzstadt Preußens hinausgewachsen zur Hauptstadt des Reiches. Damit verband sich eine sprunghafte Zunahme der Bevölkerung und des Wirtschaftspotentials, aber auch des politischen Selbstverständnisses. Territorial fand diese Entwicklung zunächst keinen Ausdruck. Es gab lediglich einen zwar fortschrittlichen, aber nur losen Zweckverband (1911). Erst der revolutionäre Umschwung 1918, die Abdankung des deutschen Kaisers und Königs von Preußen, leitete auch eine innerstädtische Wende ein, die nach heftigen Geburtswehen 1920 zur Schaffung einer neuen Stadtgemeinde Berlin führte, gebildet aus dem Zusammenschluß von acht Städten, 59 Landgemeinden und 27 Gutsbezirken.

Die Schaffung eines neuen Siegels war selbstverständlich. Nach der Revolution von 1918 war der Adler überflüssig geworden. Seit 1920 stand der Bär allein im Wappenschild als Symbol der neuen Stadtgemeinde. Aber es ließ sich nicht übersehen, daß jede der eingemeindeten Städte sowie einige Landgemeinden vorher über ein eigenes Wappen und Siegel verfügt hatten. Es ging nicht nur um deren Beibehaltung, sondern auch um Anpassung der Zeichen anderer Bezirke und damit

22. Kleines Wappen der Stadt Berlin, 1883. – 23. Wappen nach der Schaffung der neuen Stadtgemeinde Berlin, 1920. – 24. Wappen des Landes Berlin, 1954.

um die Schaffung bezirklicher Wappen. Gelöst worden ist dieses Problem vor 1945 nicht mehr. Otto Hupp hat jedoch die damals vorhandenen Wappen zusammengestellt und neue aus den bekannten Siegelbildern entwickelt[40].

Nach der nationalsozialistischen Machtergreifung erhob sich erneut die Frage, ob Stadt- und Bezirkswappen geändert werden müßten. 1934 lieferte Sigmund von Weech einen Entwurf. Der Bär ist schwarz in weißem Feld, Zunge, Schildumrahmung und Mauerkrone sind rot. Dieses Wappen wird praktisch unverändert noch heute in Ost-Berlin benutzt. Der Schild ist von einfacher, schlichter Form, die Mauerkrone stark stilisiert, der Bär aufrecht schreitend dargestellt. Damit entsprach die Gestaltung einer Anregung des Staatskommissars in der Hauptstadt Berlin, Julius Lippert. Der »Völkische Beobachter« vom 23. Mai 1934 schrieb dazu: »Stolz und straff, kraftvoll und hochaufgerichtet... im weißen Schild steht, der von der wehrhaften Mauerkrone trotzig beschirmt wird«[41].

Von den insgesamt nur geringfügigen Veränderungen in der NS-Zeit abgesehen, brachte die Niederlage Deutschlands und das Ende Preußens 1945 anfangs eine Abkehr von den überkommenen, nun als bürgerlich-verstaubt und reaktionär verstandenen Wappen und Siegeln. Lediglich in Form des Dienstsiegels bzw. -stempels lebte der Brauch weiter. Aber schon im ersten Entwurf einer neuen, demokratischen Verfassung Berlins von Anfang Januar 1946 heißt es im Artikel 1 (2): »Berlin führt Wappen, Siegel und Flagge mit dem Bären. Die Einzelheiten werden in einer Verordnung bestimmt.«

Ebenso lautete die von den Alliierten festgesetzte Vorläufige Verfassung vom 13. August 1946. Sie verpflichtete die am 20. Oktober 1946 gewählte Stadtverordnetenversammlung, den Entwurf einer neuen Verfassung auszuarbeiten und bis zum 1. Mai 1948 die Genehmigung der Alliierten einzuholen. Am 21. Januar 1948 unterbreitete der Magistrat ein Gesetz über Wappen und Flagge Berlins. Über die Beratungen im Verfassungsausschuß berichtete Karl Maron (SED) in der Festsitzung der Stadtverordnetenversammlung zum 100. Jahrestag der Revolution am 18. März 1948 über Meinungsverschiedenheiten hinsichtlich der Gestaltung des Bären, etwa, ob er die Zunge zeigen solle oder nicht, ob er dicker oder dünner erscheinen solle usw. Man beschloß deshalb die

Ausschreibung eines Wettbewerbs. Alle »zeichnerisch begabten Bärenfreunde« sollten Gelegenheit erhalten, bis zum 1. Juli jenes Jahres einen Entwurf vorzulegen. Zunächst freilich beteiligte sich kein namhafter Heraldiker oder Graphiker.

Am 22. April 1948 verabschiedete die Stadtverordnetenversammlung die neue Verfassung. Zur Genehmigung kam es infolge der Spaltung Berlins und seiner Verwaltungsorgane nicht. Erst die am 1. Oktober 1950 in Kraft getretene Verfassung legte im Artikel 5 fest: »Berlin führt Flagge, Wappen und Siegel mit dem Bären, die Flagge mit den Farben Weiß-Rot.« Innensenator Werner Müller wollte dem Artikel 1 (1), wonach Berlin zugleich Stadt und Land ist, durch Führung zweier Wappen Rechnung tragen, doch der Senat entschied anders. 1952 wurden zwölf namhafte Berliner Künstler und Heraldiker gebeten, an einem beschränkten Wettbewerb teilzunehmen. Im Juni 1952 beschloß unter Vorsitz des Oberbürgermeisters Ernst Reuter eine Kommission aus drei Senatoren, aus Abgeordneten und Künstlern wie Renée Sintenis, Richard Scheibe und Max Taut den Ersten Preis in Höhe von 1500 DM an Richard Blank, den Zweiten Preis an Ottfried Neubecker und den Dritten Preis an Ludwig Peter Kowalski zu vergeben.

Es verging ein ganzes Jahr, bis der Senat nach einigen kleineren Änderungen Blanks Entwurf als Beschlußvorlage dem Abgeordnetenhaus vorlegte. Der Innenausschuß vermochte sich jedoch nicht zu einer einmütigen Zustimmung durchzuringen, die Plenardebatte am 5. November 1953 brachte lediglich die Rückverweisung an den Ausschuß. Am 6. Mai 1954 mußte der Berichterstatter vor dem Parlament einräumen, es sei wiederum keine Einigung erzielt worden. Der Ältestenrat entschied sich nunmehr für den zweiten Preisträger. Ohne weitere Aussprache verabschiedete das Abgeordnetenhaus mit großer Mehrheit am 13. Mai 1954 das »Gesetz über die Hoheitszeichen des Landes Berlin« und billigte bei wenigen Gegenstimmen Muster 2, womit »Berlin wieder einen neuen Bären hat«. Es ist ein schwarzer, aufrecht nach rechts schreitender Bär, rot bewehrt und rot bezungt in silbernem Feld. Auf dem Schild erscheint eine goldene Laubkrone (»wie sie sich in Ländern mit republikanischer Verfassung eingebürgert hat«), unterzogen mit Mauerwerk als Stirnreif zur Unterstreichung des Stadt-Land-Charakters Berlins. Auf der Stadtflagge entfallen Schild und Krone.

Eine gleichsam nichtamtliche Fortführung der alten Wappen und Siegel ergab sich lediglich im Ostteil Berlins. Mit der Bildung neuer Verwaltungsbezirke ist es dort auch zur Schaffung neuer Wappen gekommen, die von den Stadtbezirksversammlungen offiziell beschlossen wurden. Ähnliche Beschlüsse wurden offenbar auch für alte Bezirke gefaßt, wie das Beispiel Prenzlauer Berg belegt. Eine gesetzliche Regelung ließ sich nicht ermitteln, wohl aber findet sich im Verordnungsblatt für Groß-Berlin, 1954, S. 202, eine Siegelordnung des Magistrats von Groß-Berlin vom 14. April 1954. Einleitend heißt es: »Die weitere Demokratisierung des Aufbaues und der Arbeitsweise der Organe der Staatsmacht von Groß-Berlin machen es erforderlich, die Berechtigung zur Führung eines Dienstsiegels und die Verantwortlichkeit für das Dienstsiegel neu zu regeln.« Paragraph 1 (2) legt fest: »Das Dienstsiegel zeigt das Emblem von Groß-Berlin und eine Umschrift, die auf der oberen Hälfte des Dienstsiegels die Worte ›Magistrat von Groß-Berlin‹ und in der unteren Hälfte die Bezeichnung des siegelführenden Organs der Staatsmacht enthält. Unter dem Emblem ist die Registriernummer des Dienstsiegels angebracht.« Aus der auf Seite 245 abgebildeten Anlage zu jener Siegelordnung geht hervor, daß als Emblem der Schild mit dem aufrecht schreitenden Bären und der fünftürmigen Mauerkrone auf dem oberen Schildrand gemeint ist.

Die Wappen der Bezirke und einst selbständigen Gemeinden

Die Bezirke in Berlin-West

Die Beschreibung der Wappen folgt dem Alphabet der Bezirksnamen, nicht der verwaltungsmäßigen Einteilung nach Bezirken, wie sie 1920 bei der Bildung der Einheitsgemeinde Berlin festgelegt wurde. Soweit einzelne Ortsteile eigene Wappen und Siegel führten, werden sie hier im Rahmen des jeweiligen übergeordneten Verwaltungsbezirks mit erfaßt.

Grundlage für die heutigen Bezirkswappen in Berlin-West ist das Gesetz über die Hoheitszeichen des Landes Berlin vom 13. Mai 1954. Der Paragraph 1, Absatz 2, ermächtigt den Senat zur Verleihung von Wappen an die Bezirke, die neben dem Landeswappen geführt werden dürfen. Die Verleihung der Bezirkswappen erfolgte zwischen 1955 und 1957. Allen gemeinsam sind die Schildform und die auf dem oberen Schildrand aufsitzende dreitürmige rote Mauerkrone. Der mittlere Turm ist jeweils mit dem Bärenschild als Landeswappen belegt. Die Vorbehalte Fidicins und anderer gegen die Einführung der Mauerkrone in das Stadtwappen wurden bei der Neugestaltung also nicht berücksichtigt[42].

Charlottenburg

Die Entstehungsgeschichte Charlottenburgs beginnt Ausgang des 17. Jahrhunderts, als sich Kurfürstin Sophie Charlotte durch den Baumeister Nering nahe dem Dorf Lietzow (Lützow) das Schloß Lützelburg, später »Charlottenburg« genannt, erbauen ließ. Geist und Geselligkeit fanden hier eine Heimstatt. Besonders erwähnenswert ist der

Kontakt mit Leibniz, dem Begründer der Akademien der Künste und der Wissenschaften in Berlin. Nach dem Tod der Kurfürstin, die seit 1701 Königin war, wurden Schloß und Dorf nach ihr benannt, 1705 erhielt Charlottenburg Stadtrecht. In der Folgezeit wurde es Pflegestätte der Kultur. Theater, Museen, Hochschulen gaben dem Bezirk das Gepräge. Der Kurfürstendamm ist heute die Prachtstraße des westlichen Berlin. Daneben sind das Olympiastadion, das Haus des Rundfunks, der Funkturm und das Ausstellungsgelände hervorzuheben.

Das 1705 verliehene Wappen wurde im wesentlichen unverändert beibehalten und durch Senatsbeschluß Nr. 2741 vom 7. Januar 1957 genehmigt. Die offizielle Beschreibung lautet: »In goldenem Schilde ein schwebendes blaues gezinntes Burgtor mit aufgezogenem schwarzen Fallgatter im Durchgang des Mittelbaues. Die seitlichen Türme sind mit Kuppeldächern, der Mittelbau mit einem Walmdach versehen, das auf dem First mit nach außen abwehenden Flaggen besetzt ist. Die rechte Flagge ist schwarz-silbern, die linke silbern-rot geteilt. Die Türme sind mit je einem Wappenschilde, rechts mit dem Schild von Preußen, links mit dem Schild von Niedersachsen (Hannover) belegt. Der preußische Schild – in der Form vom Jahre 1704 – zeigt in Silber einen mit der Königskrone gekrönten, rotgezungten und goldenbewehrten schwarzen Adler, der auf der Brust den ebenso gekrönten goldenen Namenszug FR trägt. Seine Flügel sind mit goldenen Kleestengeln belegt. Der niedersächsische Schild zeigt in Rot ein springendes silbernes Roß«[43].

Die beiden Wappenschilde erinnern an die Gründer Charlottenburgs, König Friedrich I. in Preußen und seine Gemahlin Sophie Charlotte von Hannover. Die Darstellung des preußischen Adlers bei Hupp ist allerdings besser, weil der nach (heraldisch) links gewandte Kopf sich dem springenden Roß zuwendet, wie es bei Allianzwappen üblich ist. Durch die Hereinnahme der landesherrlichen Symbolik ist das Wappen mit dem alten Berliner Siegel vergleichbar, in dem ebenfalls die Landesherrschaft mit ihrem Wappenschild neben dem Bären als Stadtzeichen vertreten war.

Verschiedene Siegel aus dem Anfang des 19. Jahrhunderts umgaben die Burg noch mit Bienenkorb (als Symbol für den Fleiß der Charlottenburger) und Lyra. Auch wiederholten sie unnötigerweise über der Burg den fliegenden preußischen Adler[44].

25. Das Wappen des Bezirks Charlottenburg.

26. Das Wappen des Bezirks Kreuzberg.

27. Das Wappen des Bezirks Neukölln.

Kreuzberg

Kreuzberg ist der sechste Verwaltungsbezirk Berlins. Bei der künstlichen Schöpfung von 1920 wurden Teile Tempelhofs, des Köpenicker Feldes, der Luisenstadt und der südlichen Friedrichstadt zusammengefügt. Seinen Namen führt der Bezirk nach dem mit 66 m höchsten natürlichen Berg Berlins und dem darauf zum Andenken an die Freiheitskriege 1813/14 errichteten, von Schinkel entworfenen Denkmal.

1949 hatte das Bezirksamt formlos ein Wappen angenommen, dessen Hauptmotiv das Schinkelsche Kreuz bildete. Als der Bezirk am 28. Juni 1954 beim Senator für Inneres die Verleihung dieses Wappens beantragte, wurde der Antrag abgelehnt, weil das Wappen in künstlerischer und heraldischer Hinsicht nicht den Anforderungen entsprach. Der Bezirksbürgermeister Willy Kressmann beauftragte Ottfried Neubecker mit einem neuen Entwurf, der von der Bezirksverordnetenversammlung am 27. Juni 1956 gebilligt und vom Senat durch Beschluß Nr. 2206 vom 23. Juli 1956 genehmigt wurde: »In silbern-schwarz gespaltenem Schilde eine eingebogene, oben in ein Tatzenkreuz auslaufende Spitze in verwechselten Farben, die silberne Hälfte der Wappenfigur schwarz gemauert«. Die Farben sind preußisch. Das Mauerwerk soll darauf hinweisen, daß der Bezirk im Krieg schwer zerstört und 1956 erst zur Hälfte wiederaufgebaut war[45].

Neukölln

Neukölln, der vierzehnte Bezirk, ist ein Zusammenschluß aus der Stadt Neukölln und den Dörfern Britz, Buckow und Rudow. Bis 1912 hieß Neukölln »Rixdorf«. Seine Entstehung verdankt es dem Johanniterorden, der 1360 seinen Hof Richardsdorf wieder in eine Dorfgemeinde umwandelte. Der Name dürfte sich von einem einstigen Dorfgründer, Richard, herleiten. 1435 erwarben Berlin-Cölln auch Rixdorf vom Johanniterorden. Unter König Friedrich Wilhelm I. wurden 1737 achtzehn böhmische Kolonisten auf dem Schulzengut angesiedelt. Hieraus ging die selbständige Gemeinde Böhmisch-Rixdorf hervor, die 1873 mit Deutsch-Rixdorf vereinigt und am 1. April 1899 zur Stadt erhoben wurde. Bereits am 10. November beschloß der Magistrat die Bereitstellung von Mitteln zur Schaffung eines Stadtwappens. Fünfundzwanzig Entwürfe wurden von einer eigens hierzu berufenen Deputation begutachtet, vom Heroldsamt aber wiederholt beanstandet. Schließlich billigte man eine Ausführung des Wappens mit geteiltem, oben gespaltenem Schild. Im rechten Feld stand auf rotem Grund das Johanniterkreuz, links der Adler, unten auf Schwarz der Hussitenkelch. Vor der königlichen Genehmigung mußten die Farben umgestellt werden, so daß sich die Landesfarben Schwarz-Weiß-Rot ergaben[46].

Neukölln/Rixdorf wurde bekannt durch die Hasenheide als Vergnügungsviertel für die Berliner, aber auch durch den vom Turnvater Jahn hier angelegten Turnplatz. Eingegangen ist die weltberühmte Werkstatt für Mosaik- und Glasmalerei von Puhl und Wagner. Am Neuköllner Schiffahrtskanal entstand ein ausgedehntes Industrieviertel. Neukölln rechnete gleich dem Wedding zu den traditionellen »roten« Arbeiterbezirken Berlins. Bei der Erschließung neuer Wohnviertel ist man fortschrittlich gewesen, wie die Hufeisensiedlung in Britz (1925–31) und die Gropiusstadt in Britz-Buckow-Rudow (1962–70) beweisen.

Das Neuköllner Wappen trägt der historischen Ortsentwicklung Rechnung. Es war am 29. Mai 1903 durch einen königlichen Erlaß der jungen Stadtgemeinde verliehen worden. In geteiltem Schild, oben gespalten, stehen vorn in Schwarz ein silberner Kelch, hinten in Silber der rote brandenburgische Adler, unten in Rot ein silbernes Johanniterkreuz. Damit wurde durch Senatsbeschluß Nr. 1809 vom 4. April 1956 das bisherige Wappen im wesentlichen bestätigt. Die entsprechende Urkunde überreichte der Innensenator Lipschitz am 16. Mai 1956.

Reinickendorf

Reinickendorf, der zwanzigste Bezirk, erhielt sein Wappen durch den Senatsbeschluß Nr. 1242 vom 28. November 1955 verliehen: »In schwarzem Schild ein goldener Schrägbalken, belegt mit einem laufenden roten Fuchs und begleitet von sechs (3:3) goldenen Ähren.«

Reinickendorf besaß bis dahin nur ein wappenförmiges Emblem, das sich aus einem Siegelbild der früheren Landgemeinde Reinickendorf entwickelt hatte und formlos in Gebrauch genommen worden war. Das alte Siegel Reinickendorfs bot in der Umgestaltung zum Wappen in

Silber auf grünem Boden rechts eine natürliche Eiche, an deren Ästen eine Sense und ein Rechen aufgerichtet lehnten, links ein goldenes Getreidefeld, vor beiden einen sitzenden roten Fuchs. Es ist das Motiv des »Reineke Fuchs« als redendes Siegel. Die Übernahme dieses Siegels war aber wegen der heraldisch nicht üblichen naturalistischen Gestaltung unmöglich. Der neue Entwurf von Rudolf Pfefferkorn übernahm lediglich den Fuchs. Die Farben Schwarz-Rot-Gold, sonst in keinem Berliner Bezirkswappen vertreten, wurden bewußt gewählt. Da die Farbe des Fuchses nur Rot sein kann, ergeben sich die weiteren Farbstellungen von selbst. Die sechs goldenen Ähren symbolisieren die sechs alten Landgemeinden, die durch das Einheitsgemeinde-Gesetz von 1920 im Bezirk Reinickendorf aufgingen, die aber noch heute als Dorfauen erhalten und durch entsprechende Straßennamen gekennzeichnet sind[47].

Der 1920 gebildete Bezirk war nicht nur sehr großflächig, er vereinte auch zahlreiche bis dahin selbständige Gemeinden. In der alphabetischen Reihenfolge ist zuerst *Heiligensee* zu nennen, das im 19. Jahrhundert ein Siegel mit der Legende »GEMEINDE VORSTEHER HEILIGENSEE – KREIS NIEDERBARNIM« führte. Das Siegelbild zeigte Abzeichen der Landwirtschaft und des Fischfangs. Das davon abgeleitete Wappen enthielt in Silber auf grünem Boden eine goldene Garbe, schräg rechts durchsteckt mit Sense und Rechen, links eine grüne Linde, deren Stamm vom Stiel eines schräg rechts gestellten Fischnetzes so überdeckt wird, daß dessen Beutel über der Garbe schwebt; das Holzwerk ist golden, das Eisen blau.

Der Gemeindevorsteher von *Hermsdorf* führte am Ende des 19. Jahrhunderts ein gleiches Siegel wie Heiligensee. Als Bild bediente man sich freilich der Dorfkirche. Das hiernach gestaltete Wappen zeigt in Blau auf grünem Boden eine silberne Kirche mit links stehendem Turm.

Das Siegel der Gemeinde *Lübars,* das bis 1920 in Gebrauch war, zeigt die Symbole des Landbaus in fast heraldischer Anordnung, wie sie dann in das Wappen übernommen wurden. In Blau auf grünem Boden stehen drei goldene Garben nebeneinander. Die mittlere ist besteckt mit einem Rechen zwischen einem Dreschflegel rechts und einer Sense links. Die drei Gerätschaften sind silbern, das Sensenblatt ist blau. Diese Verwendung landwirtschaftlicher Geräte und der Getreidegarbe ist typisch für

28. Das Wappen des Bezirks Reinickendorf.

29. Das alte Bezirkswappen von Reinickendorf und das Wappen von Heiligensee.

viele Dorfsiegel. Das Wappen spiegelte den dörflichen Charakter sicherlich sehr gut wider, die Unterscheidungsmerkmale zwischen den Gemeinden waren aber dadurch nur gering. Der ursprünglichen Aufgabe des Wappens, durch einfache, einprägsame Formen eine leichte Unterscheidbarkeit der Wappeninhaber zu ermöglichen, wurde man somit nicht mehr gerecht.

Sehr eigenwillig ist dagegen die für *Tegel* gefundene Lösung: In Blau auf grünen Wellen fährt ein goldenes Dampfschiff mit roter Flagge und Wimpel. Der Lage am Tegeler See und der Bedeutung als Hafen für die Fahrgastschiffahrt gab man dadurch hinreichenden Ausdruck.

Als letzte Gemeinde ist *Wittenau* zu nennen, das ursprünglich Dalldorf hieß. Das Siegel kann es erst nach der Umbenennung erhalten haben, denn die Inschrift lautet: »GEMEINDE WITTENAU KREIS NIEDERBARNIM«. Das Wappen zeigt in Silber auf grünem Boden eine grüne Tanne, an deren Stamm rechts eine Sense und eine hölzerne Heugabel, beide gestürzt, lehnen, während links eine goldene Garbe am Boden liegt. Die Landwirtschaft war auch in diesem Ortsteil noch bis in die zweite Hälfte dieses Jahrhunderts gut vertreten. Von *Waidmannslust* und *Frohnau* liegen keine Wappenbilder vor.

Die Siedlungsspuren gehen in Reinickendorf, einem ausgedehnten Bezirk, in dem sich Wald und Wasser, Landwirtschaft und Großindustrie vereinigen, bis in die Vorzeit zurück. Die urkundlichen Belege für

30. Die Wappen von Hermsdorf und Lübars.

die deutsche Besiedlung liegen – wie üblich – ziemlich spät. 1247 wird Lübars erstmals genannt, erst 1315 folgt Dalldorf, 1322 Tegel, 1344 Reinickendorf und 1349 Hermsdorf. Reinickendorf war schon am Ende des 14. Jahrhunderts Berliner Kämmereidorf, mußte aber im Dreißigjährigen Krieg verkauft werden. 1710 erwarb die Stadt das Dorf zurück, 1797 wurde das Rittergut in Pachtland für die Bauern aufgeteilt. Nach 1870 begannen die städtische Bebauung und der Einzug der Industrie.

Dalldorf wurde durch Allerhöchsten Erlaß vom 28. August 1905 nach dem verdienten Amtsvorsteher Peter Witte in Wittenau umbenannt, nachdem der alte Name durch die hier errichtete Irrenanstalt (heute

31. Die Wappen von Tegel und Wittenau.

Karl-Bonhoeffer-Heilstätten) in Verruf geraten war. Der nach Tegel hin sich erstreckende Ortsteil Borsigwalde verdankt seinen Namen der hier wohnenden Arbeiterschaft der ehemaligen Borsig-Werke. In dem anschließenden Industriegebiet finden sich Firmen wie die Flohr-Otis-Aufzugswerke und die Deutschen Waggon- und Maschinenfabriken. Tegel wurde vor allem durch das Humboldt-Schlößchen der Gebrüder Humboldt berühmt, das Schinkel für sie umgebaut hat. Die Villenkolonie Waidmannslust hat sich seit 1875 aus einer Gastwirtschaft des Hermsdorfer Gutsförsters entwickelt. Die Gartenstadt Frohnau wurde gar erst seit 1910 angelegt und verwirklicht moderne Wohngedanken.

Schöneberg

Das Dorf Schöneberg wird urkundlich erstmals 1264 erwähnt. Es gehört also mit in die Frühphase der deutschen Landnahme im Raum Berlin. Der Cöllner Bürger Johannes Rike bewirtschaftete 1375 zehn Freihufen im Dorf, ein »Parys« sogar zwölf, der dem Markgrafen auch die Wagendienste streitig machte. Über weitere Einkünfte verfügten die Berliner Bürger Gortzik und Rathenow, die Kalandsbruderschaft in Berlin und die Klosterjungfrauen in Spandau. Die Anbindung an Berlin war also von Anfang an recht stark. Seit 1506 gehörte das Dorf meist zum landesherrlichen Amt Mühlenhof, 1751 siedelte Friedrich der Große böhmische Siedler in Neu-Schöneberg an, 1874 wurden beide Orte vereinigt. In der zweiten Hälfte des 19. Jahrhunderts wurden große Teile der Feldmark als Baugelände erschlossen. Die blühende Spekulation machte einige Bauern reich (»Schöneberger Millionenbauern«) und führte zu raschem Bevölkerungswachstum.

Durch Allerhöchsten Erlaß vom 17. Mai 1897 wurde der Gemeinde Schöneberg gestattet, zum 1. April 1898 die Städteordnung anzunehmen. Der Minister des Innern vollzog den Erlaß aber erst ein Jahr später, so daß Schöneberg ab 1. April 1899 aus dem Landkreis Teltow ausschied und einen eigenen Stadtkreis bildete. Am 7. August 1899 gewährte ein Allerhöchster Erlaß der neuen Stadtgemeinde das Recht zur Führung eines Wappens.

Die 1871 auf der Wilmersdorfer Feldmark gegründete Landhaussiedlung Friedenau entwickelte sich bis 1874 rasch zu einer selbständigen

32. Das Wappen des Bezirks Schöneberg.

33. Das Wappen von Friedenau.

Gemeinde mit eigenem Rathaus. 1920 wurden Friedenau und Schöneberg zum elften Bezirk vereinigt. Heute erhält der Bezirk überregionales Gewicht als Sitz des Senats und Abgeordnetenhauses von Berlin. Das durch Beschluß des Senats vom 23. Januar 1956 verliehene Wappen zeigt »in Gold auf grünem Dreiberg eine naturfarbene Kiefer, beiderseits begleitet von je einem sich aufrichtenden, zum Baum gewendeten roten Hirsch«.

Bereits 1890 – also noch vor der Erlangung des Stadtrechts – hatte sich der Gemeinderat von Schöneberg vergeblich beim preußischen Innenminister um die Genehmigung eines Gemeindewappens bemüht. Nachdem die Landgemeinde am 17. Mai 1897 die Stadtrechte erhalten hatte, nahm der Schöneberger Magistrat die Wappenfrage wieder auf. Der vom königlichen Heroldsamt nach heraldischen Gesichtspunkten überarbeitete Entwurf des Schöneberger Stadtbaurats Paul Egeling ist mit dem heutigen identisch, er wurde durch Kabinettsorder vom 7. August 1899 genehmigt. Dieses Wappen gilt durch den »schönen Berg« als »redend«.

Die alte Erklärung des Wappens lautet: »Auf dem Grundstück der hiesigen Schloßbrauerei befindet sich noch ein Bautheil des ehemaligen kurfürstlichen Jagdschlosses, welches zeigte, daß ein großer Theil der Gemarkung Schöneberg einst mit Wald bestanden war. Die die Mark Brandenburg charakterisierende Kiefer und die Hirsche sollen die Erinnerung an jene Zeit verkörpern. Die goldene Farbe ist gewählt, um den Reichthum zu symbolisieren, der den wenigen Besitzern der gesammten

Gemarkung durch das schnelle Emporblühen der benachbarten Haupt- und Residenzstadt Berlin und durch dessen Hineinwachsen in die neue Stadt gebracht wurde«[48]. Folgt man den Ausführungen Otto Hupps, so hatte die Stadt nach 1918 die Farbgebung geändert in ein silbernes Feld mit goldenem Dreiberg. Das angebliche Jagdschloß auf dem Gelände des späteren »Prälaten« ist nicht belegbar.

Die ehemals selbständige Gemeinde Friedenau, deren Name eine Anspielung auf den Friedensschluß im deutsch-französischen Krieg 1870/71 ist, hatte sich bereits im November 1913 ein eigenes Wappen gleichen Symbolgehalts erkoren, dem jedoch die offizielle Genehmigung fehlte. Es wurde seit dem 28. Januar 1916 im Siegel geführt. Das nach 1918 geführte Wappen beschreibt Hupp: »In Blau auf grünem, mit roten und silbernen Blumen bestreutem Boden stehend ein Engel in silbernem Gewande, mit rotem Heiligenschein und goldenen Flügeln, der in der Rechten eine grüne Friedenspalme hält«[49].

Spandau

Spandau war einst eine selbständige Stadt im Havelland. Die Ausgrabungen Adriaan von Müllers haben in seiner Umgebung eine slawische Wehranlage und dörfliche Siedlung zutage gefördert. Daneben entstand dann im Zuge der deutschen Ostbewegung die deutsche Stadt Spandau, die ihr Stadtrecht 1232 erhielt. Ein Vogt als markgräflicher Beamter wird bereits 1192 urkundlich erwähnt. Verteidigungszwecken diente der Juliusturm als Mittelpunkt einer mittelalterlichen Burganlage, die im 16. Jahrhundert zur Zitadelle umgestaltet und erweitert wurde. Als Aufenthaltsort des Markgrafen und als landesherrlicher Witwensitz war die Burg besonders beliebt.

Im Zentrum der Stadt steht die Nikolaikirche, in der Kurfürst Joachim II. 1539 das Abendmahl in beiderlei Gestalt nahm und damit den evangelischen Glauben offiziell in der Mark einführte. In den folgenden Jahrhunderten beherrschten Militär und militärische Fabrikationsanlagen das Stadtbild, wodurch die wirtschaftliche Entfaltung der Stadt erheblich behindert wurde.

Im 19. Jahrhundert entwickelte sich die Landstadt zu einem bedeutenden Industriestandort, seit dem 1. April 1887 ist sie ein selbständiger

Stadtkreis. Siemens baute seine Werksanlagen und die Wohnungen seiner Mitarbeiter zu einer eigenen Stadtgemeinde (Siemensstadt, 1928–31) aus, die auch für die Pendler aus der Umgebung mit eigenem Bahnanschluß versehen wurde. Gartenfeld und Haselhorst, die Gartenstadt Staaken, Pichelsdorf, Gatow und Kladow sind weitere Ortsteile, die zum Teil noch den alten dörflichen Charakter bewahrt haben. Sie wurden mit Spandau vereint und 1920 Berlin eingegliedert.

Spandau, der achte Bezirk, erhielt sein Wappen durch Senatsbeschluß Nr. 2852 vom 4. Februar 1957: »In silbernem Schild über blauen Wellen eine nach außen ansteigende rote Stadtmauer; vor deren offenem, breitem, oben mit einem Zinnenkranz abgeschlossenen Mitteltor steht ein silberner Dreiecksschild mit dem brandenburgischen goldbewehrten roten Adler, dessen Flügel mit goldenen Kleestengeln belegt sind. Das Tor ist beseitet von zwei hinter der Mauer hervorkommenden golden-beknopften roten spitzbedachten befensterten Türmen, zwischen denen auf dem Zinnenkranz des Tores ein naturfarbener Topfhelm – der brandenburgische Wappenhelm – sitzt. Er trägt als Helmzier einen mit goldenen Lindenblättern besäten schwarzen Flug.«

Dieses Wappen entspricht dem Bild des ältesten Siegels der Stadt Spandau aus dem Jahr 1289. Auch hier ist der brandenburgische Adler ein Hinweis auf die Markgrafen als Stadtgründer und Stadtherren, während die Stadtmauer als Symbol der Stadtgerechtigkeit zu verstehen ist. Die Wellen versinnbildlichen wohl eher die Lage Spandaus an der Havel – daher auch die Bezeichnung »Havelstadt« – als den Zusammenfluß von Spree und Havel. 1352 benutzte die Stadt ein Sekretsiegel, in dem im Torbogen allein der brandenburgische Helm steht. 1861 sah sich der Magistrat veranlaßt, Siegel und Wappen zu erneuern, wobei man auf die alte Fassung des großen Stadtsiegels zurückgriff.

34. Das Wappen des Bezirks Spandau.

Steglitz

Steglitz, der 1920 geschaffene zwölfte Bezirk, umfaßt das erstmals 1242 erwähnte Dorf Steglitz, die Dörfer Lankwitz (1239 genannt), Giesensdorf (1298) und Lichterfelde (1375) sowie die 1872 angelegte Villenkolonie Südende. Zentrale Bedeutung für den Bezirk hat die Schloßstraße erlangt. Verkehrsgeschichtlich bedeutsam sind die Anlegung des Teltowkanals (1901–06) und die Fahrt der ersten elektrischen Straßenbahn in Lichterfelde (1881). Hier verlief die erste preußische Eisenbahnlinie Berlin–Potsdam (1838), und der Lilienthalberg erinnert an die Gleitflüge Otto Lilienthals (1848–96). Die ehemalige Hauptkadettenanstalt, der Botanische Garten und das Klinikum sind weitere markante Wahrzeichen des Bezirks.

Der Landgemeinde Steglitz war durch einen Erlaß vom 24. Oktober 1887 ausnahmsweise und als erstem Dorf in Preußen ein Wappen verliehen worden. Den Entwurf hatte der Geheimrat Maximilian Gritzner geschaffen. In der Begründung des Gesuchs beim Minister des Innern heißt es, daß »der hiesige Ort bereits eine Bevölkerungsziffer von 8500 Personen erreicht habe«, und daß »ferner bei der durch die Lebensstellung der hiesigen Ortseinwohner hervortretenden Intelligenz die Führung eines Ortswappens angezeigt erschien«. Es zeigt die Stege des Familienwappens der Anfang des 19. Jahrhunderts ausgestorbenen altmärkischen Familie von Stegelitz, auf die die Dorfgründung zurückgeführt wird, vermehrt um den Kopf des Reichsadlers, weil die Verleihung durch Kaiser Wilhelm I. erfolgte. Gritzner gab allerdings als Grund noch an, mit dem Reichsadler solle die Nähe zur Reichshauptstadt dokumentiert werden und darin auch die Tatsache Ausdruck finden, daß Steglitz lange Zeit königliche Domäne gewesen sei[50]. Mit dem Senatsbeschluß vom 29. März 1956 wurde das alte Wappen bestätigt. Die offizielle Beschreibung lautet: »In silbernem Schilde zwei rote durchgehende Stege mit vier Scharten, überhöht von einem rotgezungten und bewehrten schwarzen Adlerkopf.«

Lankwitz hat ein eigenes Wappen geführt, das einem alten Gerichtssiegel des Lehnschulzen entnommen war. Das Siegelbild zeigte drei Ähren und auf dem Helm einen wachsenden Löwen. Am 6. November 1913 wurde das Wappen von der Gemeindevertretung angenommen:

35. Das Wappen des Bezirks Steglitz.

36. Die Wappen von Lankwitz und Lichterfelde.

»Von Gold und Blau durch Zinnenschnitt geteilt, oben ein wachsender, rotbewehrter blauer Löwe, unten drei, aus einem Halm sprießende goldene Ähren« (Hupp).

Für *Lichterfelde* lag 1918 ein Wappenentwurf vor, der unter blauem Schildhaupt, worin zwei goldene Sterne waren, in Silber einen blauen Querbach zeigte. Der Umsturz verhinderte die Annahme des Entwurfs und führte später zu einem neuen Wappen. Es zeigt in von Rot und Silber geteiltem Feld drei brennende goldene Kerzen, die aus einem blauen Bach aufsteigen.

Tempelhof

Tempelhof, der 1920 geschaffene dreizehnte Verwaltungsbezirk, umfaßt die zu Beginn der deutschen Ostsiedlung gegründeten Dörfer Tempelhof (Ersterwähnung 1247), Marienfelde (1344) und Mariendorf (1348). Die drei Dörfer gehörten einst dem Templerorden, der 1312 vom Papst aufgelöst und dessen Besitzungen dem Johanniterorden übertragen wurden[51]. Marienfelde hat die älteste erhaltene Dorfkirche Berlins. Außerdem gehört zum Bezirk das Dorf Lichtenrade, bei dem jedoch nicht feststeht, ob es sich hier ebenfalls um Ordensbesitz gehandelt hat. Zur Zeit des Landbuches (1375) befand es sich im Besitz eines Johannes Wulkow, während die anderen Dörfer der Komturei Tempelhof ihre Abgaben entrichten mußten. 1435 kauften Berlin-Cölln Tempelhof.

37. Das Wappen des Bezirks Tempelhof.

38. Das Wappen Tempelhofs in der Form von 1949.

Der ländliche Charakter blieb den vor der Eingemeindung nach Berlin zum Landkreis Teltow gehörenden Dörfern bis in dieses Jahrhundert erhalten, obwohl sich auch hier bedeutende Industriewerke ansiedelten (Lorenz AG, Ullstein-Druckhaus, Kindermann, Daimler Benz, Fritz-Werner u. a.) und der Zentralflughafen Tempelhof dem Bezirk ein besonders markantes Gepräge gab. Über ihn lief die Versorgung der Berliner Bevölkerung mit lebenswichtigen Gütern während der Blockade 1948–49. Der Tempelhofer Damm ist heute zentrale Einkaufstraße.

Weder die frühere Landgemeinde noch der 1920 eingerichtete Verwaltungsbezirk hatten ein Wappen besessen. Wenn Hupp in seinem Wappenwerk angibt, man habe in rotem Feld einen nach links aufsprin-

39. Das vermeintlich alte Wappen von Tempelhof und das von Marienfelde.

genden, goldbewehrten, silbernen Hirsch geführt, der vielleicht an die kurfürstlichen Jagdgründe erinnern sollte, so beruht dies auf einer Fehlinformation und Verwechslung mit dem Wappen der Berliner Bürgerfamilie Tempelhof. Der Urheber der Mystifikation soll seinen Irrtum 1935 eingestanden haben.

Ausgehend von dem Balkenkreuz der Kommende Lietzen in einem Siegel von 1321 begründete Bezirksrat Schmitz in der Bezirksverordnetenversammlung im Juli 1949 die Vorlage zur Einführung eines Wappens. Im senkrecht geteilten Schild stand rechts das Templerkreuz in Rot auf goldenem Grund, links ein schwarzer Bär in Silber[52]. In der Folgezeit kam es zu langwierigen Auseinandersetzungen im Bezirk über die richtige Form des Siegels. Eine Arbeitsgemeinschaft zur Pflege der Heimatgeschichte stellte fest, daß das Kreuz eine andere Form besaß. Unter Hinzuziehung O. Neubeckers kam es schließlich am 24. April 1957 zu einer Vorlage des Bezirksamtes, die von den Bezirksverordneten akzeptiert und durch den Senatsbeschluß Nr. 3281 vom 3. Juni 1957 im wesentlichen bestätigt wurde. Damit erhielt der Bezirk ein amtliches Wappen, das »in silbernem Schilde ein schwebendes rotes Kreuz mit an den Enden leicht verbreiterten Armen« zeigt. Es ist das Kreuz des Ritterordens der Templer.

Marienfelde führte ein amtlich nicht genehmigtes Wappen, das auf die Johanniter als Dorfherren Bezug nahm: unter blauem Schildhaupt, darin drei silberne Lilien, in Rot ein silberner Stufengiebel, auf dem eine silberne Taube sitzt, die ein grünes Zweiglein im Schnabel hält. Der Giebel ist mit dem roten Johanniterkreuz belegt. Die Taube gilt als christliches Symbol des reinen Geistes und der Versöhnung, die Lilien sind ein Bild der Unschuld.

Tiergarten

Der Verwaltungsbezirk Tiergarten wurde erst 1920 gebildet. Er setzt sich zusammen aus den alten Ortsteilen Tiergarten-Süd (einst Schöneberger Vorstadt) und Moabit. Beide waren bereits 1861 nach Berlin eingemeindet worden. Mit 22 Prozent Parkanlagen steht der Bezirk an der Spitze der grünen Stadtteile Berlins. Seinen Namen führt er aufgrund der historischen Herkunft als kurfürstliches Jagdgebiet und Wildgehege seit

40. Das Wappen des Bezirks Tiergarten.

41. Das Wappen des Bezirks Wedding.

dem 16. Jahrhundert. Kurfürst Friedrich III. legte dann die breite Allee zum Schloß Charlottenburg an. Heute wird die Tradition der Wildgehege in gewissem Sinne durch den Zoologischen Garten weitergeführt. Über Jahrzehnte war der Tiergarten Sitz zahlreicher Botschaften, woran noch Reichstagsgebäude und Schloß Bellevue als Sitz des Bundespräsidenten anknüpfen. Heute entsteht hier ein Kulturforum mit der Staatsbibliothek, Philharmonie und den Staatlichen Museen, der Akademie der Künste und der Kongreßhalle.

Der Ortsteil Moabit entstand erst durch die seit 1716 sich hier ansiedelnden Hugenotten, er entwickelte sich frühzeitig zu einem dichtbevölkerten Industriestandort (Maschinenbauanstalten, AEG, Telefunken, Westhafen und Großmarkt).

Das Bezirkswappen wurde bereits 1945 eingeführt, dann durch Ottfried Neubecker überarbeitet, am 17. Februar 1954 von der Bezirksverordnetenversammlung Tiergarten gebilligt und am 7. Februar 1955 durch Senatsbeschluß genehmigt. Es zeigt in silbernem, mit grünen Kleeblättern bestreuten Schild einen goldbewehrten, springenden roten Hirsch. Der nicht amtliche Vorläufer trug im Schild statt der Kleeblätter grüne Laub- und Nadelbäume.

Wedding

Das Dorf Wedding, Keimzelle des 1920 gebildeten gleichnamigen Bezirks, wird erstmals 1251 erwähnt. Es lag damals bereits wüst und gehörte zur Berliner Feldmark. Die Wiederbelebung als Gutsbetrieb erfolgte seit 1601, die Bewirtschaftung währte bis 1827. Im 18. Jahrhundert wurde es bekannt durch den Badebetrieb auf dem Gesundbrunnen, der 1882 der Kanalisation zum Opfer fiel. Im 19. Jahrhundert entwikkelte sich der Wedding zum Zufluchtsort der Industrie (AEG, Schwartzkopff, Osram, Schering u. a.) und der Neuankömmlinge. 1861 erfolgte die Eingemeindung nach Berlin. Der dichtbevölkerte Arbeiterbezirk war die Hochburg der SPD und KPD und galt daher bis in die jüngste Gegenwart als »rot«.

Durch den Senatsbeschluß Nr. 37 vom 7. Februar 1955 erhielt der dritte Verwaltungsbezirk erstmals ein Wappen, das Neubecker aufgrund eines Beschlusses der Bezirksverordnetenversammlung vom 28. September 1950 geschaffen hatte. Es zeigt »in rotem Schild einen schräg rechts aufwärts gelegten goldenen geflügelten Pfeil«, der vom Wappen der ausgestorbenen altmärkischen Familie von Weddinghe entlehnt ist. Auf Wunsch der SPD wurde die blaue Farbe des Schildgrundes durch Rot ersetzt. Der geflügelte Pfeil galt nunmehr als ein Zeichen des Fortschritts im »roten Wedding«.

Wilmersdorf

Der Bezirk Wilmersdorf ist hervorgegangen aus einem ehemaligen Dorf, das den Herren von Wilmersdorff gehört hatte. Diese hatten im 14. Jahrhundert auch Anteile an Schmargendorf erworben. 1799 mußten sie den Besitz aufgeben, bald danach ist das Geschlecht ausgestorben. Carstenn begann die Erschließung des Gutes und leitete damit die allmähliche Bebauung ein, die jedoch nur sehr zögernd vorankam. 1906 erhielt Deutsch-Wilmersdorf, wie der Ort bis zum 1. April 1912 genannt wurde, das Stadtrecht verliehen. 1920 wurde aus der Stadt und den Landgemeinden Schmargendorf und Grunewald sowie dem Gutsbezirk Grunewald-Forst der neunte Verwaltungsbezirk gebildet. Autogeschäfte und Textilbetriebe bestimmen das gewerbliche Bild dieses sonst ruhigen Wohngebiets, in dem auch das Bundeshaus und verschiedene Senatsdienststellen ihren Sitz haben. Für wenige Jahre gewährte es auch dem Joachimsthalschen Gymnasium, der einstigen landesherrlichen Eliteschule, eine Bleibe. Heute erinnert nur noch der Name des Straßenzuges daran. Durch die Einbeziehung des Grunewaldes verfügt der Bezirk über eine ausgedehnte Erholungsfläche an Wald und Wasser. Historische Sagen aus den Anfängen der askanischen Herrschaft beziehen sich auf die Halbinsel Schildhorn, an jüngere Zeiten erinnert der Kaiser-Wilhelm-Turm.

Auf die historische Herkunft des Ortsnamens vom Geschlecht derer von Wilmersdorff nimmt das 1910 verliehene Wappen der 1802 ausgestorbenen Familie Bezug. Durch Senatsbeschluß vom 3. Oktober 1955 wurde das Wappen amtlich bestätigt: »Von Blau und Silber gevierter Schild. Im ersten Feld eine silberne, im zweiten Feld eine blaue und unten eine von Blau und Silber gespaltene Lilie.«

Die 1920 eingemeindete Landgemeinde Schmargendorf führte ein

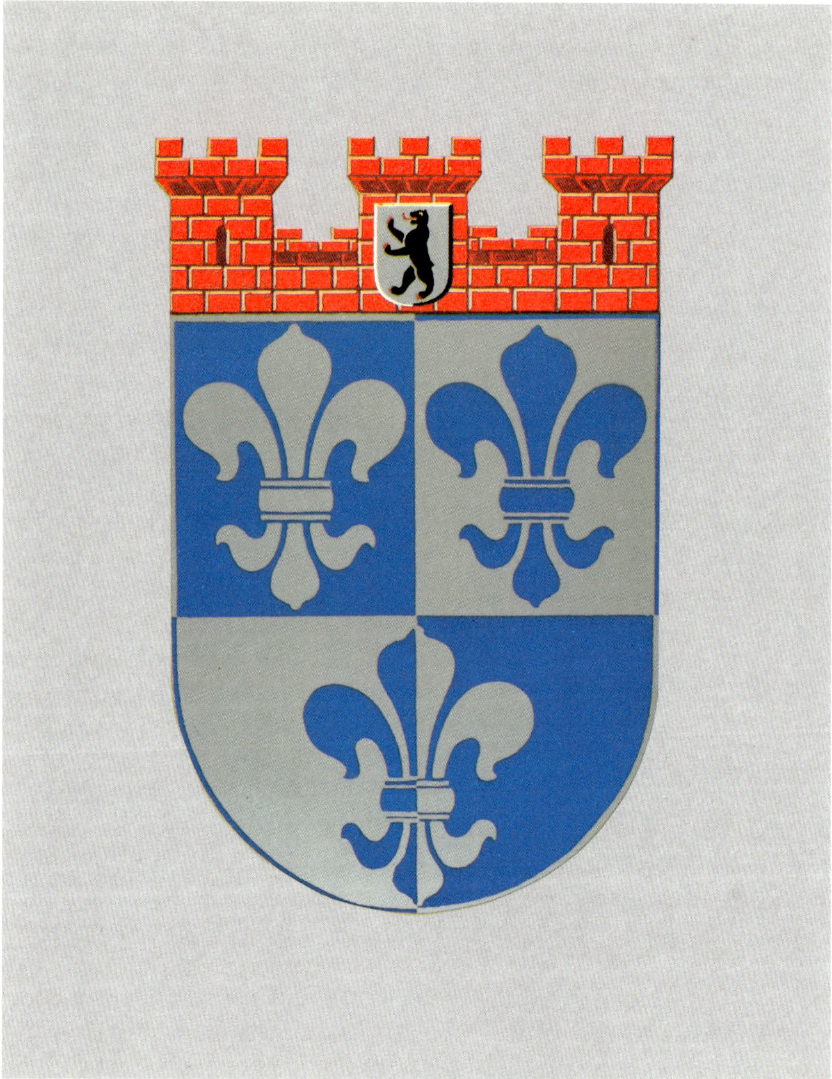

42. Das Wappen des Bezirks Wilmersdorf.

43. Das Wappen des Bezirks Zehlendorf.

44. Das Wappen von Schmargendorf.

schräg links geteiltes Wappen, oben in silbernem Feld ein goldbewehrter roter Hirsch, unten in blauem Feld die silberne Lilie der Wilmersdorff. Der wachsende rote Hirsch ist dem Wappen des in Pommern und Brandenburg begüterten Geschlechts derer von Podewils entnommen. Das Wappen wurde am 9. Mai 1903 verliehen, womit der Grundsatz gebrochen wurde, daß Landgemeinden nicht wappenfähig seien.

Zehlendorf

Zehlendorf, der zehnte Bezirk, erhielt sein Wappen durch Senatsbeschluß Nr. 2641 vom 3. Dezember 1956: »In goldenem Schilde über silbernem Wellenschlag auf rotem Dreiberg eine grüne Kiefer mit braunem Stamm, dieser überdeckt von einem in zwei Reihen rot-silbern geschachten Balken und unten begleitet von zwei an langen Stielen aus dem Wasser hervorkommenden, auswärts geneigten grünen Seeblättern.«

Diese Darstellung weicht in einigen Punkten von dem durch Gemeindebeschluß vom 24. Juli 1907 angenommenen Wappen ab, das seinerzeit nicht die Anerkennung des preußischen Innenministers gefunden hatte, weil Zehlendorf als Landgemeinde nicht als wappenfähig angesehen wurde. Die Gemeindeverwaltung hat es dennoch als Siegel in Gebrauch genommen und damit auch bei der Bevölkerung Anklang gefunden, so daß es mit einigen Änderungen übernommen werden konnte.

45. Das alte Wappen des Bezirks Zehlendorf.

Der zweizeilige Balken war ursprünglich silbern-rot geschachtet, die grüne Kiefer wurde oben von zwei roten Sternen begleitet, die im neuen Wappen entfallen sind. Der Balken deutet auf die einstige Grundherrschaft des Zisterzienserklosters Lehnin hin, das in Schwarz einen von Silber und Rot geschachteten Schrägrechtsbalken führte. Es gilt als das Wappen des hl. Bernhard von Clairvaux. Die märkische Kiefer, der Wellenschildfuß und die Seeblätter sind Symbole des wasserreichen Bezirks, zu dem auch der Wannsee gehört, und sollen die topographischen Verhältnisse versinnbildlichen.

Von den über 7000 Hektar Bezirksfläche entfallen 4000 auf Wald, Wasser, Landwirtschaft und Parks. Die Bebauung ist meist nur ein- und zweistöckig. Zehlendorf ist seit je ein Villenvorort der oberen Schichten. Seit der Spaltung Berlins hat sich hier die Freie Universität angesiedelt, womit Gedanken aus dem Anfang des Jahrhunderts verwirklicht wurden. Vorausgegangen waren Institute der Kaiser-Wilhelm-Gesellschaft (heute Max-Planck-Gesellschaft), Museen und das Geheime Staatsarchiv. In der Hitlerzeit wurde vor allem Dahlem mit der St. Annenkirche als Zentrum des religiösen Widerstands gegen das Dritte Reich unter Pastor Niemöller bekannt. Der Verwaltungsbezirk entstand 1920 durch Vereinigung Zehlendorfs mit den Gemeinden Wannsee, Nikolassee, Dahlem, Klein-Glienicke, Pfaueninsel und Steinstücken.

Die Bezirke in Berlin-Ost

Friedrichshain

Friedrichshain, der kleinste Bezirk Berlins, setzt sich aus der Königsstadt, dem Stralauer und Frankfurter Viertel sowie dem 1288 erstmals urkundlich bezeugten Fischerdorf Stralau zusammen. Die Besiedlung dieses ehemals vorstädtischen Gebietes setzte schon lange vor dem Dreißigjährigen Krieg ein. Die Oberbaumbrücke verweist darauf, daß hier einst die Stadtgrenze auf der Spree verlief, wo fremde Handelsschiffe Zoll entrichten mußten. Zwischen ihr und der Teltower Brücke wurde 1913 der Osthafen angelegt. 1701 zog der neugekrönte König Friedrich I. durch die damalige Georgenvorstadt nach Berlin, woraufhin sie den Namen »Königsvorstadt« erhielt und ein eigenes Wappen führen durfte (siehe S. 27).

Auf Beschluß des Magistrats schuf der spätere Gartenbaudirektor Gustav Meyer 1840–48 hier den Volkspark Friedrichshain. Die Märzgefallenen der 1848er Revolution erhielten hier ihre Ruhestätte, ebenso Opfer der Revolution von 1918. Das 1868–77 erbaute erste städtische Krankenhaus Friedrichshain findet sich am Rande des Volksparks. Den Parkeingang schmückt der 1913 nach Ludwig Hoffmanns Entwurf erbaute Märchenbrunnen. Die Schaffung des Volksparks erfolgte in Erinnerung an Friedrich den Großen, dessen 100. Jahrestag der Thronbesteigung 1840 gefeiert wurde. Der Name des 1920 gebildeten Bezirks hält diese Erinnerung wach.

Seit der Mitte des 19. Jahrhunderts siedelte sich hier Industrie an. Für die Unterbringung der rasch anwachsenden Arbeiterschaft wurden Mietskasernen errichtet, die dem Bezirk sein soziales Gepräge gaben. Im Zweiten Weltkrieg wurde der Friedrichshain schwer zerstört. Längs des Straßenzuges Karl-Marx-Allee/Frankfurter Allee entstanden nach dem Krieg völlig neue, moderne und komfortable Wohnviertel. Die Industriebetriebe haben noch heute einen wichtigen Anteil an der Produktionskapazität der DDR.

1936 wurde ein amtlich nicht genehmigtes Bezirkswappen eingeführt. In geteiltem Schild ist oben in Weiß das rotweiße Banner Berlins mit dem aufrecht schreitenden Bären dargestellt, unten auf blauem Grund

46. Das Wappen des Bezirks Friedrichshain, gültig bis 1986.

47. Das Wappen von Stralau und das seit 1987 gültige Wappen des Bezirks Friedrichshain.

ein silberner Karpfen. Es ist dies das Wappen des Fischerdorfes Stralau, übernommen aus dem ehemaligen Gemeindesiegel. Seit 1574 feierten die Stralauer am 24. August den ersten Fischzug des Jahres. Das hieraus sich entwickelnde Volksfest wurde 1873 verboten, 1922 aber wiederbelebt.

Auf Beschluß der Stadtbezirksversammlung wurde ein neues Wappen für den Stadtbezirk Friedrichshain genehmigt. Es zeigt in geteiltem Schild rechts eine Straße mit Laterne und Eckhaus, links einen aufrecht schreitenden Bären, der sich auf einen Spaten stützt.[53]

Hellersdorf

Jenseits der Wuhle im Bezirk Lichtenberg erstrecken sich die Rieselfelder des Gutes Hellersdorf. Das gleichnamige Dorf, im Landbuch von 1375 Helwichstorp genannt, lag schon im 14. Jahrhundert wüst. Die vorstädtische Besiedlung dauerte bis in die Nachkriegszeit. Ende der siebziger Jahre dieses Jahrhunderts setzte dann ein Bauboom ein. Über 13 000 Wohnungen wurden erstellt, außerdem Schulen, Kindertagesstätten und Geschäfte. Die Gemeinden Kaulsdorf und Mahlsdorf wurden dem neuen Stadtbezirk als Ortsteile zugefügt. Auf der konstituierenden Tagung der Stadtbezirksversammlung wurde Hans-Günter Burbach zum ersten Stadtbezirksbürgermeister von Hellersdorf gewählt.

48. Das Wappen des Bezirks Hellersdorf.

Oberbürgermeister Erhard Krack überreichte ihm am 25. Juni 1986 die Gründungsurkunde für den neuen Stadtbezirk. Die Abgeordneten beschlossen am selben Tag das neue Wappen von Hellersdorf, das den historischen Werdegang des Stadtbezirks widerspiegelt. Im geteilten, oben gespaltenen Schild steht rechts ein Blumenstrauß, Symbol für die LPG Pflanzenproduktion, die ebenso Getreide wie Schnittblumen anbaut, links der aufrecht schreitende Bär als Sinnbild der Zugehörigkeit zu Berlin, unten erscheinen drei Hochhäuser als Zeichen der jungen städtebaulichen Entwicklung[54].

Hohenschönhausen

1375 war Wichard von Rochow Grundherr von Hohenschönhausen, hatte aber manche Hufe und die damit verbundenen Einkünfte an die Berliner Bürger Jakob Rathenow und Tylo Wardenberg veräußert. Bis in

49. Das alte Wappen von Hohenschönhausen und das neue Bezirkswappen.

den Anfang dieses Jahrhunderts blieb der dörfliche Charakter erhalten, dann griff die Stadt Berlin hinüber, und eine rege Bautätigkeit begann. Die aus Feldsteinen errichtete Dorfkirche hat den Krieg überstanden, desgleichen der Schnitzaltar aus vorreformatorischer Zeit (1450). 1920 wurde das Dorf dem neuen Bezirk Weißensee eingegliedert. Vor diesem Zeitpunkt führte die Gemeinde das Eiserne Kreuz zur Erinnerung an die Freiheitskriege im Siegel. Das danach gestaltete Wappen zeigte in Gold ein schwebendes schwarzes (Eisernes) Kreuz mit silberner Einfassung, bewinkelt von den Ziffern 1,8,1,4 für 1814.

Seit 1984 wurden über 15 000 Wohnungen gebaut, heute leben hier rund 82 000 Menschen. Der neu entstandene Stadtbezirk führt ein eigenes Wappen: Ein auf einer Wiese sitzendes junges Paar pflanzt in der Schildmitte eine Linde, dahinter erheben sich Hochhäuser[55].

Köpenick

Köpenick, der heutige sechzehnte Stadtbezirk, kann auf eine reiche Vergangenheit zurückblicken. Bevor Burg und Siedlung in die Hände der Markgrafen von Brandenburg fielen, gehörten sie dem Markgrafen von Meißen und, in der Mitte des 12. Jahrhunderts, Jaxo von Köpenick, der sich auf von ihm geprägten Münzen als Christ und polnischer Fürst darstellt. Die spät erfundene Schildhornsage geht auf jene Zeiten zurück.

Die Burg Köpenick wird schriftlich erst 1240 genannt, hatte jedoch damals schon ihre militärische Bedeutung als Gegenpol zu Spandau und Berlin eingebüßt. Aus jener Zeit (1232) datiert auch das Stadtrecht für Köpenick. Als Dienstsiedlung zur Burg gehörig, bestand der erhalten gebliebene, einst von Slawen bewohnte Kietz, später eine reine Fischersiedlung. Kurfürst Joachim II. hatte sich auf der Insel ein Jagdschloß erbauen lassen, in dem er 1571 nach einer Wolfsjagd starb. 1677–82 erbaute Rutger von Langevelt an seiner Stelle das Schloß für Kurprinz Friedrich, das seit 1963 das Kunstgewerbemuseum beherbergt. Die Altstadt ist durch ihr Rathaus und das darin spielende Geschehen um den Hauptmann von Köpenick bekannt.

Mit 12 726 Hektar ist Köpenick der größte Berliner Bezirk. Ihm eingefügt wurden 1920 die Ortsteile Oberschöneweide (1896 als Industriestandort gegründet), Friedrichshagen (1753 als Baumwollspinnerdorf entstanden, bekannt durch den Friedrichshagener Dichterkreis), Rahnsdorf mit Wilhelmshagen und Hessenwinkel, Müggelheim (1747 wurden hier zwanzig Pfälzer Familien angesiedelt), Grünau (1749 Ansiedlung von Pfälzern) und Schmöckwitz mit der 1895 gegründeten Villenkolonie Karolinenhof und Rauchfangswerder. Im Ortsteil Spindlersfeld hatte 1870 Carl Spindler seine Färberei und chemische Reinigung eingerichtet. Köpenick spielt wirtschaftlich auch heute noch eine bedeutende Rolle. Die Industriebetriebe (Kabelwerk Oberspree, Transformatorenwerk, Fotochemisches Werk, Werk für Fernsehelektronik u. a.) produzieren Kabel, Leitungen, Funk- und Fernsprechgeräte, Akkumulatoren, Batterien, Sportboote und anderes mehr.

Die Köpenicker Forst war bevorzugtes kurfürstliches Jagdgebiet. Der Wasserreichtum ermöglichte ausgedehnte und einträgliche Fischerei. Wälder und Seen bieten heute den Berlinern schöne Ausflugsziele, die durch die Weiße Flotte bis in die fernere Umgebung erschlossen sind.

Ein für 1350 nachgewiesenes Siegel mit der Umschrift »SIGILLUM CIVITATIS COPENIC« und der Stempel des Sekretsiegels aus dem 14. Jahrhundert zeigen den Schlüssel zwischen zwei Fischen. Quer durch das Siegelfeld zieht sich eine doppelte Reihe kleiner Andreaskreuze. Die späteren Siegel, die das Bild seit dem 17. Jahrhundert in den Schild setzen, lassen diese Kreuze weg. Das Wappen enthält in blauem Feld einen aufgerichteten, links gewendeten goldenen Schlüssel zwi-

50. Das Wappen des Bezirks Köpenick.

51. Die Wappen von Friedrichshagen und Oberschöneweide.

schen zwei aufgerichteten silbernen Karpfen. Der Schlüssel ist das Wahrzeichen für den hl. Petrus, den Schutzpatron der Fischer. Die Wappenfiguren verweisen also auf den früher vorherrschenden Erwerbszweig.

Friedrichshagen, das seinen Namen seit dem 29. Mai 1763 führt, gebrauchte 1793 ein Siegel, das nur den Ortsnamen enthielt und als Bild einen Eichenkranz. Ab 1808 ist es in veränderter Form mit der Umschrift »FRIEDRICHSHAGENSCHES DORFSIEGEL« nachweisbar, dessen Bild dem späteren Wappen entspricht. Im geteilten Schild erscheinen oben in Gold ein blau geharnischter Arm, der in der Hand eine natürliche rote Rose am grünen Blätterstiel hält, unten, in Silber auf grünem Boden stehend, drei rote, durch zwei Querlatten verbundene Pfähle, die an einen Hag (Gehege) erinnern sollen.

Oberschöneweide gebrauchte seit 1901 ein Siegel mit der Legende »GEMEINDE BERLIN OBERSCHÖNEWEIDE«, in einem Schild das Wappenbild. Es zeigt in Silber auf grünem, von einem silbernen Bach durchflossenen Boden eine grüne Weide, deren Krone mit einem blauen Kammrad belegt ist, hinter dem zwei blaue Hämmer mit goldenen Stielen schräg gekreuzt sind[56]. Erstmals wird damit der Industrie im Siegel und Wappenbild Ausdruck verliehen.

Lichtenberg

Lichtenberg, erstmals 1288 urkundlich erwähnt, ist seit 1391 als Kämmereidorf im Besitz Berlins. Wie in Pankow kauften sich im 18. Jahrhundert hier Offiziere und Staatsbeamte an, errichteten Landhäuser und ein Schloß, das lange Zeit der Staatskanzler Hardenberg und sein Sohn bewohnten. 1771 hatte Friedrich der Große in der Nähe die Kolonie Friedrichsberg mit böhmischen Gärtnern eingerichtet. Aus dem Gutsvorwerk entwickelte sich die Kolonie Boxhagen, 1889 mit Rummelsburg vereinigt. Nach dem Krieg 1870/71 setzte in Lichtenberg die industrielle Entwicklung ein (Knorr-Bremse, Kraftwerk Klingenberg). Am 15. Oktober 1907 wurde der Ort zur Stadt erhoben, 1912 erfolgte die Eingemeindung von Boxhagen-Rummelsburg. 1920 kamen die Landgemeinden Friedrichsfelde, Biesdorf, Kaulsdorf, Mahlsdorf, Marzahn und Gut Hellersdorf dazu und bildeten mit den übrigen Gemeinden den siebzehnten Verwaltungsbezirk Berlins. Seit 1960 entstanden in dem während des Krieges schwer zerstörten Bezirk neue Wohnanlagen.

Das Dorf Friedrichsfelde, bis 1699 Rosenfelde genannt, war seit 1319 im Besitz Berlins. Ein Teil der Feldmark gehörte allerdings dem Benediktinerinnen-Kloster in Spandau. 1682 ließ sich der kurfürstliche Marinedirektor Benjamin Raule in Rosenfelde nieder. Danach gelangte das Gut in den Besitz des Markgrafen Albrecht Friedrich von Schwedt, der sich ein Schloß errichten ließ, das 1814/15 dem König von Sachsen zugewiesen wurde. Bis 1945 war es dann im Besitz der Familie von Treskow, für die Lenné den Park umgestaltete. In den letzten Jahren wurden Schloß und Park gründlich restauriert. Bereits 1955 wurde der Tierpark Berlin eröffnet.

Karl von Treskow legte 1826 im Südteil des Gutes das Vorwerk Karlshorst an, wo sich jetzt die Trabrennbahn befindet. 1895 entstand die Villenkolonie Karlshorst, wo Marschall G. K. Schukow 1945 die Kapitulation der deutschen Wehrmacht entgegennahm und dann die Sowjetische Militäradministration (SMA) einrichtete.

Erwähnenswert ist das Gut Kaulsdorf. Hier führte F. K. Achard 1786 die ersten Versuche zur Gewinnung von Rübenzucker durch und legte 1799 eine Zuckerfabrik an.

Das Wappen wurde der Stadt Lichtenberg am 13. April 1914 verlie-

52. Das Wappen des Bezirks Lichtenberg.

53. Die Wappen von Friedrichsfelde und Mahlsdorf.

hen. Der Schild ist geteilt und oben gespalten. Im ersten blauen Feld steht eine goldene Getreidegarbe, im zweiten goldenen Feld ein blaues Kammrad; unten in Silber über Wasser nach rechts ein grüner Hügel, links drei grüne Bäume, dazwischen die aufgehende goldene Sonne. Dieses Wappen ist also »redend«, indem es andeutet, daß die Siedlung an einem »lichten Berg« beim Rummelsburger See angelegt wurde. Die Garbe verweist auf den ländlichen Charakter, während das Kammrad die moderne Industrie symbolisiert.

Friedrichsfelde führte ein eigenes Wappen. In Silber auf grünem Boden stand eine mit rotem Band gebundene goldene Garbe, überhöht von einem roten Stern, auf beiden Seiten begleitet von einer grünen Linde, deren Laubkrone zu drei Büschen übereinander verschnitten ist. Hupp erklärt, daß es im 18. Jahrhundert ein beliebter Brauch war, Linden so zu beschneiden, daß mehrere Laubgalerien übereinander entstanden. Nach anderer Ansicht handelte es sich jedoch um Rosenbüsche, weil der Ort früher Rosenfelde hieß. Eine sichere Aussage dürfte nicht möglich sein.

Für *Mahlsdorf* ist aus der Mitte des 19. Jahrhunderts ein »DORFSIEGEL ZU MAHLSDORF« belegt, dessen Bild im Wappen wiederkehrt. In Silber auf grünem Boden steht rechts ein grüner Baum mit links geneigtem Wipfel, dessen Gestalt an das Friedrichsfelder Wappen erinnert. Hinter einer quer auf dem Boden liegenden goldenen Garbe, mit blauem Band gebunden, stehen eine Sense und ein goldener Rechen.

54. Das Wappen des Bezirks Marzahn.

Marzahn

Das wohl im 13. Jahrhundert angelegte Dorf Marzahn (1300 Mortzane) befand sich in häufig wechselndem adligen Besitz, bis es 1681 der Kurfürst erwarb und zunächst dem Amt Köpenick, dann dem Amt Mühlenhof zuwies. Friedrich der Große siedelte auf der Gemarkung Pfälzer Siedler an. Seit 1920 gehörte das Dorf zum Stadtbezirk Lichtenberg, ohne jedoch seinen ländlichen Charakter einzubüßen. Der große Wandel bahnte sich seit 1971 an. Am 2. September 1977 war ein symbolisches Richtfest, am 6. Juli 1978 wurde die einmillionste Wohnung übergeben; seit Mai 1979 ist Marzahn selbständiger Stadtbezirk. Auf einer Fläche von rund 60 Quadratkilometern leben etwa 170 000 Einwohner. Hand in Hand mit der Durchführung von Wohnungsbauvorhaben geht die industrielle Erschließung des Gebiets.

Das Wappen von Marzahn ist geteilt von einem silbernen M als Abkürzung des Ortsnamens, in Rot und Grün stehen oben fünf goldene

Ähren, unten ein silbernes Zahnrad. Die Zahl der Ähren symbolisiert die fünf Ortsteile Biesdorf, Hellersdorf, Kaulsdorf und Mahlsdorf, das Zahnrad die Industrie. Das Wappen wurde von dem Berliner Graphiker Dietrich Dorfstecher entworfen und vom Rat im April 1980 bestätigt[57].

Berlin-Mitte

Berlin-Mitte ist der eigentliche altstädtische Kern, dessen Geschichte nicht von der in der Einleitung geschilderten Entwicklung Gesamt-Berlins zu trennen ist. Als Bezirk wurde er erst bei der Gemeindereform 1920 ins Leben gerufen. Als Wappenbild wählte man in Silber den roten brandenburgischen Adler. Damit griff man auf das alte Siegel und Wappen der einstigen Schwesterstadt Cölln zurück, übernahm aber zugleich den landesherrlichen Adler.

56. Das Wappen des Bezirks Berlin-Mitte, gültig seit 1987.

55. Das Wappen des Bezirks Berlin-Mitte, gültig bis 1986.

Pankow

Pankow war ein 1311 zum erstenmal schriftlich bekundetes Dorf, das von 1370 bis nach 1624 zu Berlin gehörte. 1691 erwarb es der Kurfürst und ließ es durch das Amt Niederschönhausen verwalten. Die das Dorf durchquerende Panke gab dem Ort seinen Namen. Neben der Landwirtschaft wurde hier bis 1839 eine Papiermühle betrieben. Der Begründer der »Berliner Börsenzeitung«, Dr. Killisch von Horn, legte 1854 einen Park an und erbaute ein Herrenhaus, das die Landgemeinde 1907 von den Erben erwarb. Als Bürgerpark wurde er über die Bezirksgrenzen hinaus bekannt und für Ausflüge beliebt. In der nördlich anschließenden Schönholzer Heide liegt ein russischer Zentralfriedhof. Im 19. Jahrhundert errichteten sich viele reiche Berliner Bürger Landhäuser in Pankow. 1920 wurde der Ort mit Niederschönhausen, Rosenthal, Wilhelmsruh, Blankenfelde, Buchholz, Buch, Karow, Blankenburg und Heinersdorf zum neunzehnten Verwaltungsbezirk vereint.

Im 19. Jahrhundert führt die Gemeindeverwaltung ein Siegel mit der Inschrift »DORFSIEGEL VON PANKOW«. Die sinnbildliche Darstellung des landwirtschaftlichen Charakters ist in das Wappen übernommen: In Silber auf grünem Boden stehen zwei zusammengestellte goldene Garben, durch die ein aufrechter goldener Rechen und zwei schräg gekreuzte Dreschflegel und Sense gesteckt sind, das Ganze belegt mit zwei gestürzten und schräg gekreuzten silbernen Spaten.

Niederschönhausen hatte ein Siegel mit der Umschrift »GEMEINDEVORSTAND BERLIN-NIEDERSCHÖNHAUSEN«. Das Wappen zeigt in Silber auf grünem Boden eine grüne Kiefer, hinter deren Stamm Rechen und Sense schräg gekreuzt sind. Auf der Kreuzung werden sie überdeckt von dem an die Äste gelehnten Stiel einer gestürzten hölzernen Heugabel. Bis auf das blaue Sensenblatt sind alle Geräte golden.

Als Dorf 1350 benannt, entwickelte Niederschönhausen sich im 19. Jahrhundert zum Villenvorort. 1691 hatte Kurfürst Friedrich III. den Rittersitz erworben, das Schloß ausgebaut und das Amt eingerichtet.

Blankenfelde besaß ein Siegel mit der Umschrift »DORF-SIEGEL ZU BLANKENFELDE«. Das Bild zeigte eine gekreuzte, zusammengebundene Mistforke und Heugabel auf dem Boden[58].

Buch hatte einen Farbstempel mit der Umschrift »DORF SIEGEL VON

57. Das Wappen des Bezirks Pankow.

58. Das Wappen von Niederschönhausen und Buch.

BUCH«. Das in das Wappen übernommene Bild zeigt in Gold auf grünem Boden eine natürliche grüne Buche, neben deren Stamm links ein roter Fuchs sitzt. Es handelt sich also um eine redende Ausdeutung des Ortsnamens, denn der Fuchs ist eine Anspielung auf die Grafen von Voß (= Fuchs), die 1767–1898 Grundherren waren.

Buchholz wurde als deutsches Dorf bereits 1242 genannt. Nachdem sich 1688 Hugenotten angesiedelt hatten, hieß der Ort lange Zeit Französisch-Buchholz. Das alte Dorfsiegel hatte daher die Umschrift »GEMEINDE-VORSTAND FRANZÖSISCH BUCHHOLZ«. Das ins Wappen übernommene Siegelbild ist ebenfalls redend; es zeigt in Silber auf

59. Die Wappen von Buchholz und Rosenthal.

grünem Boden eine grüne Buche, aus deren Krone der rote brandenburgische Adler wächst.

Rosenthal verwendete Mitte des 19. Jahrhunderts einen Stempel mit der Legende »DORF SIEGEL VON ROSENTHAL«. Das Bild war ein Schild mit der Garbe, gehalten von den beiden Keulen tragenden wilden Männern des preußischen Staatswappens und mit einer Adelskrone besetzt. Das Wappen zeigt dagegen nur in Grün eine freischwebende, mit rotem Band gebundene goldene Getreidegarbe.

Prenzlauer Berg

Prenzlauer Berg ist ein 1920 künstlich geschaffener Bezirk. Hier erstreckte sich einst die Berliner Feldmark, die von Ackerbürgern bewirtschaftet wurde. Getreide und Kartoffeln waren die Hauptanbauprodukte. Bei der Separation der Feldmark 1822 gehörte der Familie Bötzow ein großer Teil. Ein Mitglied der Familie war auch der letzte Ackerbürger.

Den Bezirk durchziehen große Ausfallstraßen und alte Handelswege: Greifswalder Straße, Prenzlauer Allee und Schönhauser Allee geben schon im Namen die Zielrichtung an. Auf alten Ansichten sieht man auf dem ehemaligen Windmühlenberg acht Mühlen, die zwischen 1748 und 1854 ihren Dienst verrichteten. Auf dem Bötzowberg lag die Bötzow-Brauerei, in deren Nähe ein vielbesuchtes Gartenlokal entstand. Daneben befand sich das Gebäude des Aschinger-Konzerns.

1852 erhielt eine englische Gesellschaft die Genehmigung zur Errichtung eines Wasserwerkes, um die Bevölkerung mit gutem Trinkwasser zu versorgen. Vom Wasserwerk an der Spree beim Stralauer Tor wurde das Wasser in den schlanken Turm auf dem Prenzlauer Berg gepumpt und von hier in die Häuser verteilt. 1873 erwarb die Stadt die Wasserwerke und erbaute für die Häuser auf der Hochfläche einen neuen, breiten Turm. Seit 1915 werden die Türme nicht mehr benutzt.

Im Südosten des Bezirks liegt der Zentralviehhof, dessen Gelände der Stadt Lichtenberg abgekauft wurde. Hier werden noch heute Viehhandel, Schlachtungen, Fleischverarbeitung und -lagerung vorgenommen, die alte Großmarkthalle dagegen wurde zur Sporthalle umgebaut (Werner-Seelenbinder-Halle).

60. Das Wappen des Bezirks Prenzlauer Berg, gültig bis 1986.

61. Das Wappen des Bezirks Treptow.

62. Das Wappen des Bezirks Prenzlauer Berg, gültig seit 1987.

Das Bezirkswappen ist erst nach 1945 aufgekommen, aber nie amtlich verliehen oder bestätigt worden. In geviertem Schild mit rot-silbern verwechselten Farben steht im ersten Feld der Wasserturm, im zweiten der aufrecht schreitende Bär. Einen Vorläufer dieses Wappens hatte man 1936 für die im Rahmen der Berliner Olympiade durchgeführte Ausstellung zur Berliner Geschichte entworfen. Er zeigte im schwarzen Feld den Wasserturm. Im Rahmen der Vorbereitung für die 750-Jahr-Feier Berlins wurde auf der Stadtbezirksversammlung am 11. Dezember 1986 ein neues Wappen für den Bezirk vorgestellt: Es zeigt in quer geteiltem Schild oben den Berliner Bären, unten einen Berg, dahinter Neubauten[59].

Treptow

Treptow (Trepkow) war einst ein Vorwerk in der Köllnischen Heide, die Markgraf Otto III. von Brandenburg 1261 der Stadt Cölln verkauft hatte. 1435 wurde sie durch Erwerb von 3000 Morgen Heideland aus dem Besitz des Johanniterordens erweitert. Das Gebiet war bis in das

19. Jahrhundert nur dünn besiedelt. Dann entstanden an der Spree kleine Gasthäuser, Villen und größere Vergnügungsstätten. Berühmt war das Treptower Feuerwerk. Nach der Fertigstellung des Teltowkanals setzte auch in Treptow der industrielle Aufschwung ein, insbesondere mit der Niederlassung holzverarbeitender Betriebe. Im Ortsteil Baumschulenweg schuf Franz Späth aus einer ehemaligen Försterei die größte Baumschule Deutschlands. Die Ortsteile Niederschöneweide, Johannisthal und Adlershof sind friderizianische Gründungen, während Altglienicke und Bohnsdorf in die Zeit der deutschen Ostsiedlung zurückreichen; sie werden aber erstmals im Landbuch Kaiser Karls IV. von 1375 erwähnt. Niederschöneweide begann 1763 als Teerofen. Johannisthal, als Gut vom Kammerrat Johann Werner 1753 angelegt, wurde um 1885 zu einer gutbesuchten Sommerfrische umgestaltet. 1909 wurde der Flugplatz in Betrieb genommen. Der Zentralflughafen ist Berlin-Schönefeld. Ebenfalls 1753 ist das Vorwerk Adlershof entstanden, das 1879 Gemeindecharakter erhielt.

Ältere Dienstsiegel der »GEMEINDE TREPTOW BEI BERLIN«, wie die Umschrift lautet, zeigen den Bären im Gebüsch. Das 1876 amtlich eingeführte Ortswappen trug dann in Silber auf grünem Boden zwei grüne Baumgruppen, die getrennt sind durch einen silbernen Fluß, vor dem links ein aufgerichteter schwarzer Bär steht. Damit soll auf die Lage Treptows vor den Toren Berlins, auf den Landwehrkanal und die Namensdeutung als Laubwald hingewiesen werden.

63. Das Wappen von Johannisthal.

In *Johannisthal* wurde 1786 ein »GERICHTS-SIGEL JOHANNISTHAL« verwendet, das die Gemeindevertretung im Juni 1908 als Ortswappen annahm. In Silber steht auf einer Blumenwiese eine grüne Eiche mit goldenen Früchten, im rechten Obereck die strahlende goldene Sonne.

Weißensee

Weißensee ist als achtzehnter Bezirk 1920 aus den Dörfern Weißensee, Falkenberg, Hohenschönhausen, Malchow und Wartenberg hervorgegangen. Das namengebende Dorf war 1313 genannt worden. Auf seiner Flur entwickelten sich drei Rittergüter, auf deren Boden 1872 die Landgemeinde Neu-Weißensee entstand; sie wurde 1905 mit Weißensee vereinigt. Um die Jahrhundertwende entwickelte sich hier ein Industriebezirk, die einzelnen Ortsteile weisen dagegen noch ländlichen Charakter auf. Der Bezirk wird etwa noch zur Hälfte landwirtschaftlich genutzt, lediglich Hohenschönhausen hat sich ebenfalls vom mittelalterlichen Dorf zum Industrieort entwickelt und sich als Stadtbezirk verselbständigt.

In Weißensee liegt der Jüdische Friedhof mit Grabstätten von Gefallenen der Märzrevolution, einem Urnenfeld mit der Asche von in nationalsozialistischen Konzentrationslagern ermordeten Juden und den Gräbern solcher jüdischen Mitbürger, die den Freitod der Deportation in jener Zeit vorgezogen haben.

Ein älteres »DORFSIEGEL ZU WEISSENSEE« trug als Bild nur einen Lorbeerkranz. Zur Erinnerung an die am 1. Januar 1905 erfolgte Vereinigung der Gemeinden Weißensee und Neu-Weißensee wählte man am 8. August 1912 als Wappen eine Versinnbildlichung dieses Zusammenschlusses durch ein hintereinander schreitendes, einen großen Schlüssel auf den Schultern tragendes Menschenpaar. Das Wappen fand aber nicht die Billigung der Behörde und wurde später durch das Abzeichen der hl. Katharina, der Schutzheiligen der alten Dorfkirche, ersetzt[60]. Das vom Ortspfarrer Alexander Giertz entworfene Wappen zeigt in Silber ein rotes Richtrad, durch das ein gestürztes Schwert mit goldenem Griff gesteckt ist.

64. Das Wappen des Bezirks Weißensee.

Anmerkungen

1 Eckart Henning und Gabriele Jochums: Bibliographie zur Heraldik. Schrifttum Deutschlands und Österreichs bis 1980. Köln und Wien 1984. – Hier findet sich eine vorzügliche Zusammenstellung der gesamten Literatur, insbesondere auch zum Berlin-Brandenburgischen Wappenwesen. Aus der allgemeinen Literatur seien empfohlen Erich Kittel: Siegel. Braunschweig 1970; Erich Gritzner: Heraldik. In: Meister's Grundriß der Geschichtswissenschaft, 2. Aufl., Leipzig und Berlin 1912.

2 Ernst Fidicin: Die Wappen und Farben der Stadt Berlin, Berlin 1868.

3 Karl E. Demandt: Hessisches Ortswappenbuch, Glücksburg 1956, S. 20.

4 Kurt Mayer: Die Herkunft des Brandenburger Adlers. In: Brandenburgische Siegel und Wappen. Festschrift des Vereins für Geschichte der Mark Brandenburg, Berlin 1937, S. 10.

5 Kurt Mayer, wie Anm. 4, S. 12.

6 Erich Kittel: Wappenverleihung in Brandenburg-Preußen bis zur Gründung des Heroldsamtes 1855. In: Brandenburgische Siegel und Wappen, Festschrift, Berlin 1937, S. 198.

7 Vgl. Adolph Friedrich Riedel: Codex diplomaticus Brandenburgensis, A XXIV, S. 411, vom 16. Mai 1420: »da wir die Insiegel von der Stadt (Angermünde) nahmen, als wir ihn andere meinen zu geben«.

8 Johannes Schultze: Die brandenburgischen Städtesiegel. In: Brandenburgische Siegel und Wappen, Festschrift, Berlin 1937, S. 61.

9 Erich Kittel, wie Anm. 6, S. 225.

10 Erich Kittel, wie Anm. 6, S. 226.

11 Geheimes Staatsarchiv Berlin-Dahlem, Rep. 11, Nr. 37 b, Brandenburg-Preußen Fasc., 2 Bl. 145; zitiert nach Erich Kittel, wie Anm. 6, S. 224. – Christian Otto Mylius: Corpus Constitutionum Marchicarum, T. VI, Abt. II, Spalte 63, 65, vom 16. Januar und 21. April 1706.

12 Johann Karl von Schroeder: Kommunales Wappenwesen in Preußen 1855–1925. In: Festschrift Herold, Berlin 1969, S. 167 ff.

13 Johann Karl von Schroeder, wie Anm. 12, S. 172.
14 Richard Moderhack: Brandenburgische Dorfsiegel. In: Brandenburgische Siegel und Wappen, Festschrift, Berlin 1937, S. 161.
15 Ministerialblatt für die gesamte innere Verwaltung 1841, S. 211.
16 Siehe Hermann Krabbo: Regesten der Markgrafen von Brandenburg aus askanischem Hause, Nr. 766. – Urkunde und Siegel sind veröffentlicht als Faksimile bei Ernst Fidicin: Berlinische Chronik, Berlin 1868, Anhang und S. 77.
17 Johannes Schultze, wie Anm. 8, S. 65. – Urkunde vom 5. Dezember 1289 abgedruckt bei Adolph Friedrich Riedel: Codex diplomaticus Brandenburgensis, A XI 13.
18 Ernst Fidicin: Die Wappen und Farben der Stadt Berlin. In: Berliner Stadt- und Gemeinde-Kalender, 2. Jg., Berlin 1868, S. 62. Die Beschreibung als roter brandenburgischer Adler in silbernem Feld ist natürlich unzutreffend, denn das Siegel war aus braunem Wachs und ohne Wappenfarben. Durchmesser: 60 mm.
19 Lediglich die Umschrift wechselt zwischen »S(igillum) Burgensium Colne«, »Sigillum Civium Colonie Marchionis Brandenburgensis« und »Sigillum Magistratus Coloniensis« (1399).
20 Rudolf Buchholz: Verzeichnis der im Märkischen Provinzial-Museum der Stadtgemeinde Berlin befindlichen Berlinischen Alterthümer..., Berlin 1890, S. 54.
21 Die Gestaltung des Bären hat vielfache, oft groteske Formen auch im amtlichen Gebrauch angenommen. A. M. Hildebrandt stellte in den Schriften des Vereins für die Geschichte Berlins, Bd. 50, 1915, fest: »Der heraldische Bär muß auf den Hinterbeinen aufrecht stehen, in kühner, angreifender Stellung; ›zum Grimme geschickt‹ heißt der altheraldische Ausdruck – die Vordertatzen mit ausgespreizten Krallen erhoben, das Maul mit kräftigen Zähnen weit aufgesperrt, die Zunge lang herausgestreckt. Die Zeichnung soll nicht naturalistisch sein, sondern stilisiert, jedoch so, daß die charakteristische Gestalt des Bären dadurch nicht beeinträchtigt, vielmehr gehoben wird. Z. B. ist zu beachten, daß der Bär... ein ›Sohlengänger‹ ist und als solcher auch im Wappen gekennzeichnet werden muß.« Die Annahme des Bären als Wappentier bezieht er auf die Namensdeutung von Berlin; dies sei auch bei Bern, den Geschlechtern von Behr, von Berlin, von Bernstein, von Berneck usw. der Fall.
22 Nach der Gründung des Kaiserreiches erhob sich 1871 die Frage nach einem neuen, angemessenen Siegel für die Haupt- und Residenzstadt Berlin. Ernst Fidicin vertrat in einem Schreiben vom 24. Juli 1871 die Auffas-

sung, daß die Stadt ein neues Siegel benötige. Dabei schildert er die Entstehung des jetzigen Siegels und bezeichnet die beiden Bären von 1280 als Schildhalter. Hiergegen wandte Graf Stillfried namens des Heroldsamtes ein, es habe damals noch keine Schildhalter gegeben, das Halsband des Bären solle nur verdeutlichen, daß es sich um einen Bären und nicht etwa um einen Eber handele. Außerdem weist er darauf hin, daß das Stadtsiegel nie den Zusatz »kurfürstlich oder königlich« getragen habe, daher auch jetzt die Bezeichnung »kaiserlich« unangemessen sei. (In: Mitteilungen des Vereins für die Geschichte Berlins 1886, S. 89ff.)

23 Burggraf Friedrich VI. von Nürnberg war erst als Landeshauptmann, dann zum Markgrafen eingesetzt worden und nannte sich seit 1415 Kurfürst Friedrich I. von Brandenburg.

24 Bei Ernst Fidicin, wie Anm. 18, S. 115.

25 Rudolf Buchholz, wie Anm. 20, S. 57, sieht in diesem Bild ein Symbol für die Vereinigung der beiden Städte Berlin und Cölln. Der Adlerschild wäre dann das Wappen Cöllns. Diese Interpretation halte ich für verfehlt. Aus jener Zeit kennen wir für beide Städte keine Wappen, sondern nur Siegel. Folglich dürfte es sich bei dem Adlerschild um das landesherrliche Wappen handeln, wie es auch in den vorhergehenden Berliner Siegeln auftritt.

26 Nach Rudolf Buchholz, wie Anm. 20, S. 57, der noch den silbernen Siegelstempel auswerten konnte, trug der Bär kein Halsband. Unter dem Kinn des Bären und unter dem Schwanz erkennt man aber Gebilde, die einer 8 ähneln. Diese wurden offenbar als Kettenglieder gedeutet und gaben Veranlassung zur Vorstellung eines Halsbandes. Im Berliner Siegel hat aber, ausgenommen beim dritten, bei dem Buchholz fälschlich an die symbolische Verbindung mit Cölln denkt, der Bär bis 1539 nie ein Halsband getragen. Aus der Verbindung der gotischen Minuskel und der Zahlzeichen schließt Buchholz, daß es sich hier um die verkürzt wiedergegebene Jahreszahl der Anfertigung des Stempels handelt, also 1444, denn für 1488 paßt die Schrift nicht mehr. Die 4 aber ähnelte damals im Schriftbild häufig der 8. Für diese Deutung spricht auch, daß das Siegel bereits 1460 an einer Urkunde bezeugt ist. Unzutreffend ist aber die Bemerkung, im dritten Siegel Berlins sei der Adlerschild mit dem Bären durch ein Halsband verbunden gewesen. Auf den überlieferten Abbildungen ist ein solches nicht zu erkennen.

27 Das zuvor benutzte, etwa gleich große Rundsiegel zeigte den Adler ohne Schild und die Umschrift »S(igillum) BURGENSIUM COLNE«, womit es in der Legende an das älteste Berliner Siegel anknüpft.

28 Rudolf Buchholz, wie Anm. 20, S. 62. – Vgl. Christian Otto Mylius, wie

Anm. 11, T. V, Abt. II, Spalte 537–540, Reglement über Eichung des Scheffel, 5. Mai 1722.

29 Der Interpretation von Hans J. Reichhardt: Der Berliner Bär. Kleine Geschichte eines Stadtsymbols in Siegel, Wappen und Flagge. Berliner Forum 2/1979, S. 26, vermag ich mich daher nicht anzuschließen.

30 Vgl. meinen diesbezüglichen Artikel im Berlin-Archiv, hrsg. von Hans-Werner Klünner, Braunschweig 1980 ff., B 02019.

31 Abgebildet bei Andreas Kalckhoff: Fürsten-, Länder-, Bürgerwappen. Heraldik aus neun Jahrhunderten, Stuttgart 1984, S. 79.

32 Christian Otto Mylius, wie Anm. 11, T. VI, Abt. I, Spalte 515.

33 Nach Ernst Fidicin, wie Anm. 18, S. 62, hat der am grünen Graben bei der Waisenbrücke entstandene Stadtteil »Neu-Köln« zwar kein eigenes Siegel geführt, wohl aber angeblich ein Wappen, das dem der Dorotheenstadt entsprach. Nach A. O. Hildebrandt, Berliner Stadtwappen, 1883, entsprach das Wappen dem der Königsstadt, doch fehlten dem Adler die Kleestengel und die Initialen.

34 Erich Kittel, wie Anm. 6, S. 227 f.

35 Christian Otto Mylius, wie Anm. 11, T. V, I 387, Rescript von Combinirung derer Rathäuslichen Collegiorum und Einrichtung des neuen Magistrats in Berlin, Cölln, Friderichs-Werder, Dorotheen- und Friderichs-Stadt vom 17. Januar 1709. In § 9 heißt es: »Schließlich lassen Wir ein neues Sigillum verfertigen, dessen sich der neue confirmirte Magistrat hinfüro zu bedienen haben wird.«

36 Abbildung bei Hans-Werner Klünner im Berlin-Archiv, Braunschweig 1980 ff., B 01032.

37 Hans J. Reichhardt, wie Anm. 29, S. 18.

38 Zitiert nach Hans J. Reichhardt, wie Anm. 29, S. 20.

39 Die Beschreibung des großen Berliner Wappens von 1875 bei Hans J. Reichhardt, wie Anm. 29, S. 21 f., entspricht nicht der einfarbigen Darstellung in Abb. 14.

40 Otto Hupp: Deutsche Ortswappen, Bd. 1: Preußen, Bremen 1928 (Kaffee Hag).

41 Abb. 17, Hans J. Reichhardt, wie Anm. 29, S. 33 f.

42 Die Verfassung von Berlin, hrsg. von der Landeszentrale für politische Bildungsarbeit, 3. erw. Auflage, Berlin 1963.

43 Dienstblatt des Senats von Berlin, Teil 1/1957, S. 188–190 mit der »heraldischen Beschreibung« der Wappen für alle Bezirke in Berlin-West.

44 Das Wappen der Stadt Charlottenburg. In: Der deutsche Herold 36, Berlin 1905, S. 108 f.

45 Hans J. Reichhardt, wie Anm. 29, S. 51 f.
46 Johannes Schultze: Rixdorf – Neukölln, Berlin 1960. – Hans Rösner: Vom Stadtwappen zum Bezirkswappen. In: Neuköllner Jahrbücher, Berlin 1957, S. 3 f.
47 Hans J. Reichhardt, wie Anm. 29, S. 60 f.
48 Grundriß zur deutschen Verwaltungsgeschichte 1815–1945. Reihe A: Preußen, hrsg. von Walther Hubatsch, Bd. 5: Brandenburg, bearb. von Werner Vogel, Marburg 1975, S. 68. – Zweiter Verwaltungsbericht des Magistrats der Stadt Schöneberg, 1. April 1899 bis 31. März 1903, Schöneberg, 1904, S. 44. – Helmut Winz: Es war in Schöneberg. Berlin 1964, S. 10.
49 Otto Hupp, wie Anm. 40.
50 Walter Schneider-Römheld: Unser Ortswappen und seine Entstehung. In: Steglitzer Nachrichten, 2. Juni 1949.
51 Werner Vogel: 650 Jahre Mariendorf? In: Jahrbuch für brandenburgische Landesgeschichte 34, Berlin 1983, S. 26 ff.
52 Heinz Gutsche: Das falsche Wappen, und G. Mirow: Das Kreuz der Templer im Wappen des Bezirks Tempelhof. In: Der Tempelhofer, Jg. 3, Nr. 11, 1949. – Ebenda Nr. 14, Juli 1949, »Aus dem Bezirksparlament«.
53 Siehe Heide Schlebeck: Bersarinplatz wird 1987 komplett sein. In: Berliner Zeitung, 1987.
54 Ute Bekeschus: Weitere Dienstleistungen für die Hellersdorfer. In: Neues Deutschland, 16. Oktober 1986. Den Hinweis verdanke ich Frau Sabine Preuß vom Landesarchiv Berlin. – Siehe auch Alice Pfitzner: Gründungsurkunde für Hellersdorf. Stadtbezirksversammlung konstituierte sich. In: Berliner Zeitung, 26. 6. 1986. – In dem hier abgebildeten Wappen steht im ersten Feld eine Getreidegarbe. Bei der Wiedergabe in der Berliner Zeitung vom 31. Juli 1986 handelt es sich dagegen eindeutig um einen Blumenstrauß.
55 Martina Reiche: Bunter Markt auf der Wiese. In: Neues Deutschland, 17. 10. 1986. Nach einer Vorlage aus dem Landesarchiv Berlin. – Nach einem Bericht in der Berliner Zeitung vom 28. 2. 1987 schuf der Bildhauer Prof. Gerhard Thieme den Entwurf. Das Wappenbild zeigt in Blau über dem Schildfuß und auf goldenem Boden zwei blausilbern gekleidete Kinder, der Junge mit dunklem, das Mädchen mit hellem Haar, beim Pflanzen eines bewurzelten braunstämmigen grünen Lindenbaumes. Damit soll die Jugendlichkeit des Stadtbezirks symbolisiert werden. Die im Hintergrund silbern aufragenden Hochhäuser veranschaulichen das moderne Antlitz des Stadtbezirks.
56 Otto Hupp: Die Wappen und Siegel der deutschen Städte, Flecken und

Dörfer. Teil 1: Ostpreußen, Westpreußen, Brandenburg. Frankfurt a. M. 1894, Neuaufl. Bremen 1925 (Kaffee Hag).

57 Neue Zeit, 6. Oktober 1984.

58 Richard Moderhack: Brandenburgische Dorfsiegel. In: Brandenburgische Siegel und Wappen, Festschrift, Berlin 1937, S. 175.

59 Peter Schubert: Ein neues Kleid für die Schönhauser. In: Berliner Zeitung, 12. 12. 1986.

60 Otto Hupp, wie Anm. 56. – Nach Kurt Pompluns Berlin-Baedeker von 1964, S. 350, war der Ablauf des Geschehens genau umgekehrt. Das jetzige Wappen war schon 1905 vorgeschlagen worden und hat dann das amtlich 1912 verordnete Wappen mit Schlüssel und Menschenpaar verdrängt.

Quellenvermerk

Die Aufnahmen zu den farbigen Wiedergaben der Stadt- und Bezirkswappen West-Berlins stammen von Reinhard Friedrich, Berlin. Die Zeichnungen zu den abgebildeten neuen Wappen Ost-Berliner Bezirke wurden von Jean Claude Lézin, Berlin, angefertigt.

Danksagung

Es ist mir eine angenehme Pflicht, dem Geheimen Staatsarchiv Preußischer Kulturbesitz, dem Landesarchiv Berlin, Herrn Hans-Werner Klünner und meinem Vetter Dieter Vogel für die Überlassung von Bildmaterial herzlich zu danken. Ferner bin ich Herrn Hans-Georg Puchert für die verständnisvolle Betreuung des Manuskriptes und dem Verlag für die Übernahme dieses Bandes dankbar.

Berlin, im März 1987 Werner Vogel

Friedrich Nicolai

Beschreibung der königlichen Residenzstadt Berlin

Herausgegeben von Karlheinz Gerlach

400 Seiten, 68 farbige und 161 einf. Abbildungen,
Großformat, Leinen im Schuber

Friedrich Nicolai, der große Verleger und Literaturpapst der Aufklärungsepoche, beschreibt die Stadt Berlin – ihre Sehenswürdigkeiten, Einrichtungen und Bewohner. Zeitgenössische Stiche, Zeichnungen und Gemälde – Raritäten aus dem Märkischen Museum, der Deutschen Staatsbibliothek und den Berliner Stadtarchiven, von denen einige hier zum ersten Mal veröffentlicht werden, illustrieren den Band.

Propyläen

CIP-Kurztitelaufnahme der Deutschen Bibliothek

Vogel, Werner:
Berlin und seine Wappen / Werner Vogel. –
Berlin ; Frankfurt/Main : Ullstein, 1987
ISBN 3-550-07818-8